世界遺産でめぐる

中世ヨーロッパの街

歴史と見どころがわかるビジュアルガイド

「世界遺産ビジュアルガイド」編集室 著

es-Publishing

CONTENTS

〈本書における掲載にあたって〉
＊遺産名は日本ユネスコ協会連盟が発表しているものを採用しております
＊扉で掲載している画像は各遺産紹介ページにクレジットを表記しております
＊本書の内容は、2024年12月末現在のデータや資料に基づくものです
＊本書では便宜上、現代の区分に基づき南欧・西欧・北欧・東欧の4つのエリアに分け紹介しています。また、現代の区分ではヨーロッパに含まれない地域に存在するもので、当時の歴史や文化を説明するうえで欠かせないと考えた遺産は、近いエリアに含めて紹介しています

この本の使い方

世界遺産に登録されているヨーロッパ圏の都市の中から、中世の歴史や名残を現代に伝えている街並みを中心にピックアップし、その特徴を写真と文章で紹介しています。

タイトル

世界遺産の登録名・登録年・分類・登録基準と国名が記されています。登録基準については7ページをご参照ください。

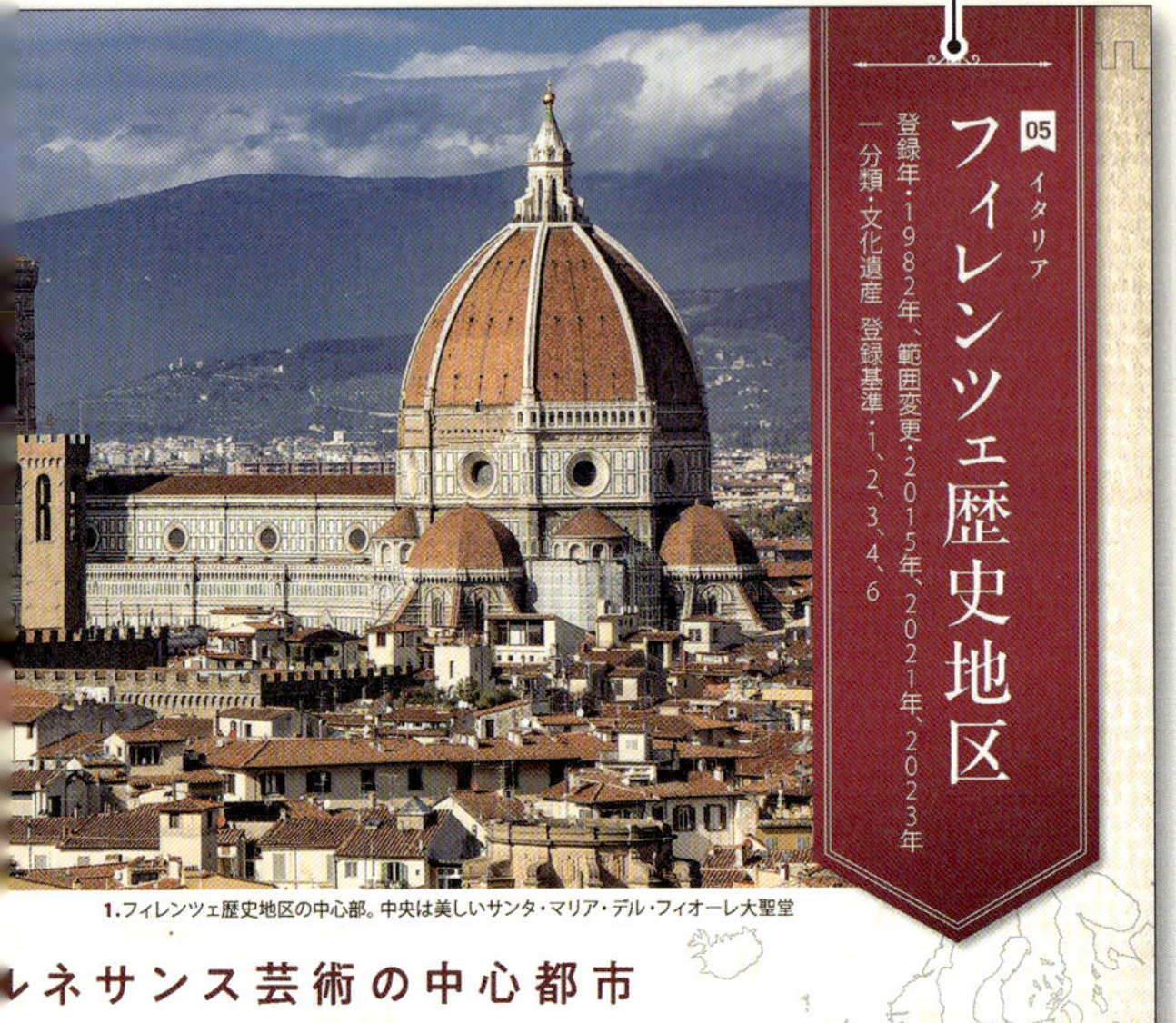
05
イタリア
フィレンツェ歴史地区
登録年・1982年、範囲変更・2015年、2021年、2023年
分類・文化遺産　登録基準・1、2、3、4、6

1.フィレンツェ歴史地区の中心部。中央は美しいサンタ・マリア・デル・フィオーレ大聖堂

ルネサンス芸術の中心都市

タリア中部の街フィレンツェは、中世後期に華開いたルネサンスの中心地。
のあちこちで芸術にふれられるため「屋根のない美術館」と呼ばれる。
時実権を握っていた大富豪メディチ家がパトロンとなり
術家たちを庇護し、芸術・文化を育んでいった。

フィレンツェ歴史地区

2. 大聖堂横に立つジョットの鐘楼

フィレンツェのシンボル サンタ・マリア・デル・フィオーレ大聖堂

ルネサンス初期に活躍した建築家ブルネッレスキが設計した半円状ドーム（クーポラ）がひときわ目を引く。大聖堂の完成は1438年。木枠を使わない石積み二重構造のドームは当時新しい試みだった。13世紀の着工から複数の建築家が関わっており、ゴシック様式・ルネサンス様式が混在している。

大聖堂横にそびえ建つジョットの鐘楼

ルネサンス美術の先駆者で建築家でもあったジョットが構想・設計した。同じく彫刻家で建築家のピサーノや

20

本文

この世界遺産の見どころや歴史を解説しています。

MAP

タイトルにある世界遺産の国とおおよその場所をMAPに記しています。

国旗

世界遺産が存在する国、国旗をアイキャッチとして表示しています。

イタリア

3.サンタ・クローチェ聖堂 4.荘厳な雰囲気のサンタ・マリア・ノヴェッラ教会外観 5.サンタ・マリア・ノヴェッラ教会の内部 photo by Kirk K

完成。全体が芸術性に優れているが、とりわけ初期にジョットが直に指揮した基礎部分に施された象眼やレリーフ、彫刻が見事。高さ約85m、内部にある414の階段を上るとフィレンツェを一望できる。

の神殿」サンタ・クローチェ聖堂

幾度も増改築が重ねられ現在の姿になったのは14世紀後半とされる。フランシスコ会の教会でイタリアの代表的ゴシック建築の一つ。「イタリアの栄光のパンテオン（神殿）」と呼ばれ、ルネサンス時代の巨星ミケランジェロやマキャヴェッリなど当地に多大な功績を残した人物が眠っている。美しい装飾部分もあるが、全体はフランシスコ会の清貧精神を映す質素な造りとなっている。

白と緑の大理石を纏ったサンタ・マリア・ノヴェッラ教会

14世紀にドメニコ会により造られた。奥行き約100mにおよぶ内部ではルネサンス初期の画家マザッチオが描いた「三位一体」や、当時ステンドグラス師として名を馳せたアラゴンティの作品などが見られる。少し離れた場所に、修道士が薬草を栽培・調合したことに由来を持つ「世界最古の薬局」がある。

メディチ家の紋章

もともと家業としていた薬屋の、薬の玉をモチーフにしたといわれる。フィレンツェの街では今も見かける。

21

POINT

フィレンツェの栄華はメディチ家とともにあった

フィレンツェにおけるルネッサンスの進展を支えたのはロレンツォ・デ・メディチ（1449～1492）。銀行業で成功を収め、フィレンツェを事実上支配したメディチ家にあって、その最盛期を支え「イル＝マニフィコ」（偉大な人）と称された。ミケランジェロやマキャヴェッリなど多くの芸術家を庇護するパトロンでもあった。彼の死後、メディチ家は衰退しフィレンツェ追放にまで至るが、後にトスカーナ公国が成立すると君主として復帰を果たした。

写真

関連する写真を掲載しています。

POINT

この街の歴史やゆかりのある物事など、知っておきたいポイントを解説するコーナーです。

基礎知識
1
世界遺産とは？

世界遺産は人類共有の遺産

世界遺産とは、1972（昭和47）年のユネスコ総会で採択された「世界の文化遺産及び自然遺産の保護に関する条約」（いわゆる世界遺産条約）に基づいて保護・保全が行われている「建造物」や「自然」を指すものである。

世界遺産条約は、エジプトでダムの建設が行われるとヌビア遺跡（アブ・シンベル神殿など）が水没してしまうことから、世界60カ国の支援と技術協力により遺跡の移築が行われたことがきっかけで考案された。時を同じくしてアメリカ合衆国でも「世界遺産トラスト」が提唱されており、優れた自然景観を守るための国際的な枠組みづくりが進行中であった。こうした二つの運動が合流したことで、1972（昭和47）年にフランス・パリのユネスコ本部で開催された第17回ユネスコ総会で世界遺産条約が締結されたのである。

2023年に行われた世界遺産委員会終了の時点で、条約締約国は195カ国、登録件数は1199件になっている。

水没を免れたヌビア遺跡にあるアブ・シンベル神殿

世界遺産委員会について

世界遺産条約に基づき組織される委員会であり、締約国の中から文化的・地域的に偏りが出ないように選出された21カ国により構成されている。任期は原則として6年であり、2年に1度開催される世界遺産条約締約国総会で3分の1にあたる7カ国が改選。世界遺産委員会は原則として毎年1回開催されており、新規登録遺産や拡大案件の審議、登録遺産の継続監視や技術支援、世界遺産基金の用途の決定を行っている。

基礎知識

2

世界遺産の登録基準

世界遺産には「登録基準」といって、いずれか一つ以上を満たさなければならない条件が10個存在する。この条件の(1)~(6)のうち一つ以上の条件を満たしたものは「文化遺産」に、(7)~(10)のうち一つ以上の条件を満たしたものは「自然遺産」に分類。また、文化遺産と自然遺産の両方に合致するような遺産の場合は「複合遺産」として登録される。

本書で紹介する中世ヨーロッパの街並みを残す世界遺産は、主に登録基準の(1)~(6)の条件を一つ以上満たしている。

世界遺産の登録基準

1	人類の創造的才能を表す傑作である
2	建築、科学技術、記念碑、都市計画、景観設計の発展に重要な影響を与えた、ある期間にわたる価値観の交流またはある文化圏内での価値観の交流を示すものである
3	現存するか消滅しているかにかかわらず、ある文化的伝統または文明の存在を伝承する物証として無二の存在(少なくとも希有な存在)である
4	歴史上の重要な段階を物語る建築物、その集合体、科学技術の集合体、あるいは景観を代表する顕著な見本である
5	あるひとつの文化(または複数の文化)を特徴づけるような伝統的居住形態若しくは陸上・海上の土地利用形態を代表する顕著な見本である。または、人類と環境のふれあいを代表する顕著な見本である(特に不可逆的な変化によりその存続が危ぶまれているもの)
6	顕著な普遍的価値を有する出来事(行事)、生きた伝統、思想、信仰、芸術的作品、あるいは文学的作品と直接または実質的関連がある(この基準は他の基準とあわせて用いられることが望ましい)
7	最上級の自然現象、または、類まれな自然美・美的価値を有する地域を包含する
8	生命進化の記録や、地形形成における重要な進行中の地質学的過程、あるいは重要な地形学的または自然地理学的特徴といった、地球の歴史の主要な段階を代表する顕著な見本である
9	陸上・淡水域・沿岸・海洋の生態系や動植物群集の進化、発展において、重要な進行中の生態学的過程または生物学的過程を代表する顕著な見本である
10	学術上または保全上顕著な普遍的価値を有する絶滅のおそれのある種の生息地など、生物多様性の生息域内保全にとって最も重要な自然の生息地を包含する

全域MAP

中世ヨーロッパの面影を残す歴史地区や旧市街、遺産が保存されている街のうち68の都市を紹介します。ひとくちに「中世ヨーロッパ」と言っても、その範囲は広域に及び、エリアによってそれぞれ特徴があります。

第4章 ◆ 東欧

- 58 中世都市トルン（ポーランド）
- 59 クラクフ歴史地区（ポーランド）
- 60 リヴィウの歴史地区群（ウクライナ）
- 61 チェスキー・クルムロフ歴史地区（チェコ）
- 62 バンスカー・シュティアヴニツァ歴史都市と近隣の工業建築物群（スロバキア）
- 63 ブダペストのドナウ河岸とブダ城地区およびアンドラーシ通り（ハンガリー）
- 64 トランシルヴァニア地方の要塞聖堂のある村落群（ルーマニア）
- 65 シギショアラ歴史地区（ルーマニア）
- 66 ムツヘタの歴史的建造物群（ジョージア）
- 67 ノヴゴロドと周辺の文化財（ロシア）
- 68 ウラジーミルとスーズダリの白亜の建造物群（ロシア）

- 17 グラナダのアルハンブラ、ヘネラリーフェ、アルバイシン地区（スペイン）
- 18 アラゴンのムデハル様式の建築物（スペイン）
- 19 セビリアの大聖堂、アルカサルとインディア古文書館（スペイン）
- 20 サンティアゴ・デ・コンポステーラ（旧市街）（スペイン）
- 21 オスマン帝国発祥の地ブルサとジュマルクズク（トルコ）
- 22 トロードス地方の壁画聖堂群（キプロス）
- 23 スプリットの史跡群とディオクレティアヌス宮殿（クロアチア）
- 24 ドブロブニク旧市街（クロアチア）
- 25 コトルの自然と文化・歴史地区（モンテネグロ）
- 26 モスタル旧市街古橋地区（ボスニア・ヘルツェゴビナ）
- 27 コソヴォの中世建造物群（コソヴォ・セルビア）
- 28 オフリド地域の自然・文化遺産（北マケドニア）
- 29 ベラトとジロカストラの歴史地区（アルバニア）

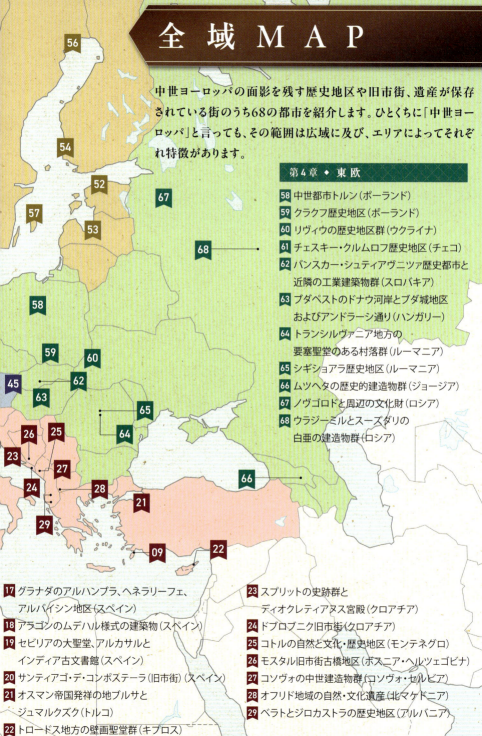

第2章 ◆ 西欧

30 中世市場都市プロヴァン（フランス）
31 シュリー-シュル-ロワールとシャロンヌ間のロワール渓谷（フランス）
32 リヨン歴史地区（フランス）
33 アヴィニヨン歴史地区（フランス）
34 アルルのローマ遺産とロマネスク様式建造物群（フランス）
35 歴史的城塞都市カルカッソンヌ（フランス）
36 ストラスブールのグラン・ディルとノイシュ タット（フランス）
37 ブルージュの歴史地区（ベルギー）
38 ベルギーとフランスの鐘楼群（ベルギー・フランス）
39 シュトラールズント歴史地区とヴィスマール歴史地区（ドイツ）
40 ブレーメンのマルクト広場の市庁舎とローラント像（ドイツ）
41 ケルン大聖堂（ドイツ）
42 バンベルク市街（ドイツ）
43 レーゲンスブルクの旧市街とシュタットアムホーフ（ドイツ）
44 ザルツブルク市街の歴史地区（オーストリア）
45 ウィーン歴史地区（オーストリア）
46 グラーツ市歴史地区とエッゲンベルグ城（オーストリア）
47 ベルン旧市街（スイス）
48 ベリンツォーナ旧市街にある3つの城、要塞及び城壁（スイス）
49 エディンバラの旧市街と新市街（イギリス）
50 ロンドン塔（イギリス）
51 バース市街（イギリス）

第3章 ◆ 北欧

52 タリン歴史地区（エストニア）
53 リガ歴史地区（ラトビア）
54 ラウマ旧市街（フィンランド）
55 ブリッゲン（ノルウェー）
56 ルーレオーのガンメルスタードの教会街（スウェーデン）
57 ハンザ都市ヴィスビュー（スウェーデン）

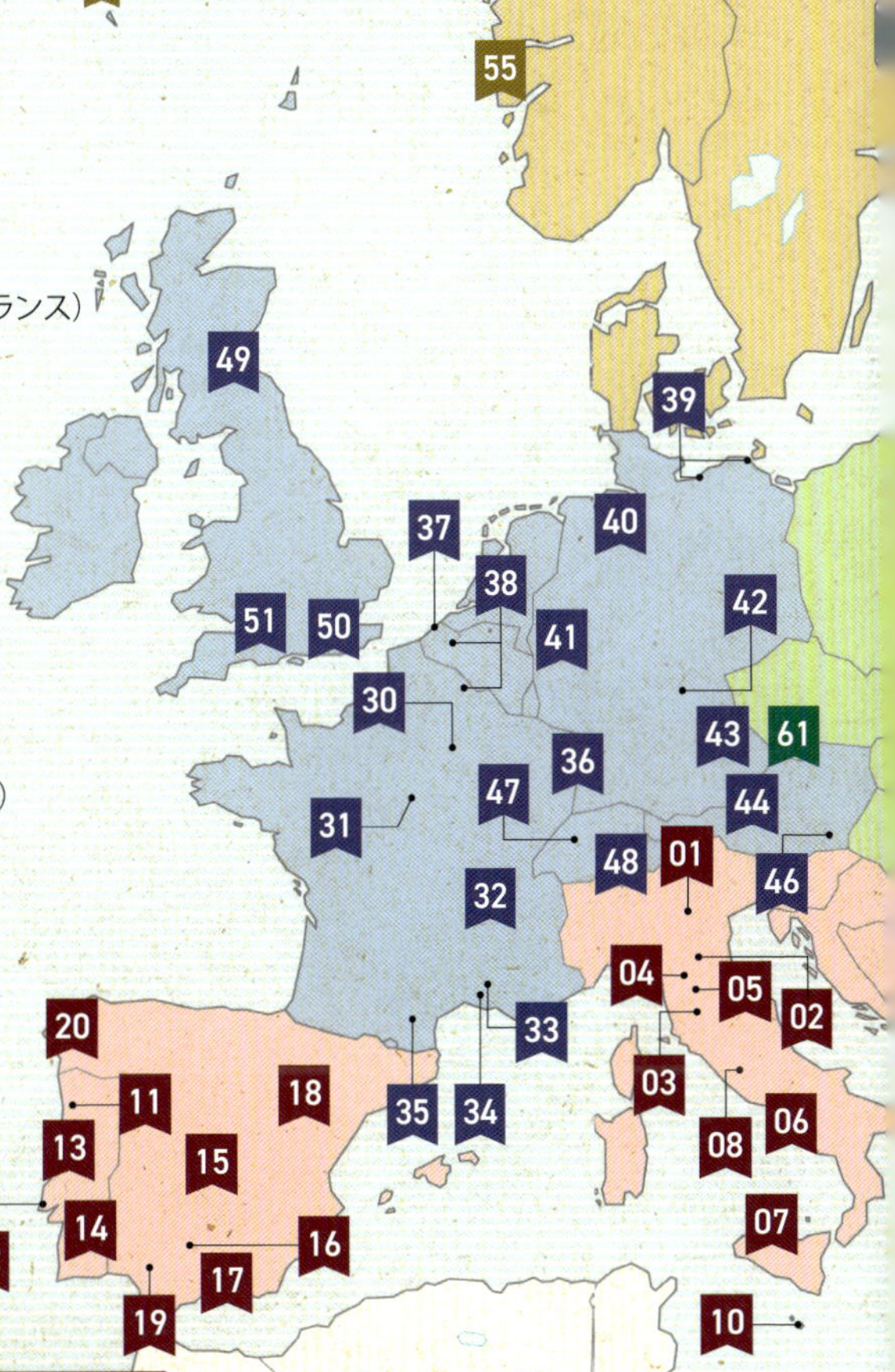

第1章 ◆ 南欧

01 ヴェローナ市街（イタリア）
02 ボローニャのポルティコ群（イタリア）
03 シエナ歴史地区（イタリア）
04 サン・ジミニャーノ歴史地区（イタリア）
05 フィレンツェ歴史地区（イタリア）
06 ナポリ歴史地区（イタリア）
07 パレルモのアラブ・ノルマン様式建造物群およびチェファル大聖堂、モンレアーレ大聖堂（イタリア）
08 バチカン市国（バチカン市国）
09 ロードスの中世都市（ギリシャ）
10 ヴァレッタ市街（マルタ）
11 ポルト歴史地区（ポルトガル）
12 シントラの文化的景観（ポルトガル）
13 コインブラ大学-アルタとソフィア（ポルトガル）
14 エヴォラ歴史地区（ポルトガル）
15 トレド歴史地区（スペイン）
16 コルドバ歴史地区（スペイン）

中世ヨーロッパとは？

5世紀から15世紀の歴史を伝える世界遺産

中世ヨーロッパという括りは、考え方によって多少の違いはあるが5世紀ごろから15世紀ごろを指すとされることが多く、歴史上の出来事で捉えると476年の西ローマ帝国の滅亡から1453年の東ローマ帝国の滅亡のあたりまでとされている。5～10世紀を中世前期、11～13世紀を中世盛期、14～15世紀を中世後期と分類することが多い。

タリン歴史地区（P124）
ハンザ同盟の都市としての歴史が残る

　この約1、000年間で様々な社会構造の変化が起こった。封建社会の安定から十字軍の派遣、商業の発達と各地の自治都市の発展、ルネサンスの興りなど、暮らしは都度変わり、また地域によっても変わり、中世ヨーロッパがどういった世界だったのかを端的に述べることは非常に困難だ。

　本書ではそうした様々な中世ヨーロッパの佇まいを現代に残す68の街々を、世界遺産に指定されている都市や歴史地区の中から集めて紹介している。経済圏として発達した各地の中世都市を中心に、古代の建造物を保持しながら長く営みを続ける街や、近世に先駆けルネサンス文化が花開いた街など、中世盛期から多少外れた時代の遺産も取り上げている。

　中世の騎士たちが活躍する王道の物語から、異世界を舞台とするファンタジーものなど、こんにち我々が思い描く中世ヨーロッパを起源とする作品には幅がありグラデーションがある。それらがどの年代の、どの地域の街をモデルにしているのか思いを馳せると、新たな発見があるかもしれない。

トレド歴史地区（P44）
レコンキスタを推し進めた君主が建てた大聖堂がある

第1章

南欧

Southern Europe

01 イタリア

ヴェローナ市街

登録年・2000年｜分類・文化遺産｜登録基準・2、4

1. ヴェローナの街並みとアディジェ川

『ロミオとジュリエット』の舞台となった街

ヴェローナはイタリア北部、アルプス山脈の麓に位置する街。ミラノ、ヴェネツィア、ローマなどの大都市をつなぐ地として栄えた。古代ローマ時代を経てスカラ家やヴェネツィア共和国などの支配の元に繁栄し、その過程の街並みが今も残る。

名作のモデルと言われるジュリエットの家

『ロミオとジュリエット』は、敵対する2大名家、モンタギュー家とキャピュレット家に生まれた2人の悲恋の物語。ジュリエットのモデルとなった人物が住んでいたとされる家には、当時の家具や日用品が展示されている。

2. ジュリエットの家のバルコニー 3. 中庭のジュリエット像

4.エルベ広場 5.シニョーリ広場 ダンテの像と議会の回廊 6.スカラ家の霊廟 7.スカラ家の霊廟に施された鉄柵のハシゴの意匠

中世の街並みと調和する エルベ広場・シニョーリ広場

街の中心にある広場とそれを囲む市庁舎や邸宅、議事堂など中世の歴史的建造物が調和し、訪れる人々を魅了する。古代ローマ時代に造られたフォルム（公共広場）が起源。

細やかな装飾が見事なスカラ家の廟

13～14世紀にヴェローナを治めたデッラ・スカラ家の一族が眠る霊廟。ゴシック様式の華やかな造りで、屋根の上には騎士像が飾られている。周囲にめぐらされた鉄柵には、ハシゴ（スカラ）の意匠が施されている。

POINT

約16,000人を収容可能なアレーナ

古代ローマの座席や舞台がそのまま残る アレーナ（円形闘技場）

アレーナ・ディ・ヴェローナは紀元後1世紀、古代ローマの頃に造られたと言われている。1580年頃には貴族の騎馬試合の会場として使われていたとの記録があり、以降は演劇や馬術、バレエなどに幅広く利用されてきた。現在は夏の野外オペラフェスティバルの会場として有名。また、アディジェ川を挟んで対岸にはローマ劇場があり、半円形・階段状に整えられた古代ローマ時代の遺構を見ることができる。

1.ボローニャの街並み

ボローニャのポルティコ群

02 イタリア

登録年・2021年｜分類・文化遺産｜登録基準・4

ポルティコが連なる学びの都

ボローニャのポルティコ（柱廊）の記録は1041年に遡り、現存するものは世界最大規模で合わせて62kmに及ぶ。居住スペースを広げるため家の上階を増築し、柱を道に設けたことが始まりといわれ、市民の暮らしに根付いていった。ヨーロッパ最古とされる大学があり、多くの学生が暮らした。

ボローニャ大学最初の大学棟 アルキジンナジオ館

ヨーロッパ最古の大学であるボローニャ大学は1088年創立とされており、ダンテ、ガリレオ、コペルニクスなど数多くの天才たちの学舎でもあった。その最初の大学棟がアルキジンナジオ館。街中に分散していた学部を一つに統合するため16世紀に建設された。二階には、世界で初めて人体解剖をした医学部の解剖室が残っている。

2.柱廊が美しいアルキジンナジオ館中庭

イタリア

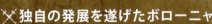

3.サン・ルカ教会と街並み 4.市庁舎正面グレゴリウス13世の像 5.サン・ルカ教会に続くポルティコ

ボローニャ市庁舎として使われるアックルシオ宮殿

マジョーレ広場に面する、大きな時計塔を擁する宮殿。もとはボローニャ大学の法学者アックルシオのもので、現在は市庁舎として使われている。正門上部のモニュメントはボローニャ出身のローマ教皇グレゴリウス13世で、日本を含む世界各国で使われている「グレゴリオ暦」を1582年に採用したことで知られる。広場には他にも宮殿や大聖堂があり見応えがある。

世界最長のポルティコはサン・ルカ教会までの約4km

ボローニャでも群を抜いて長いのが山の上にあるサン・ルカ教会と市街地をつなぐポルティコで、建物に沿わず独立したコロネード（列柱廊）。教会の建設は1194年から始まり、随時、道々に門などが設けられ、柱廊も17〜18世紀にかけて建設された。

柱に掘られた花の彫刻

彫刻のある柱

POINT

独自の発展を遂げたボローニャ

他の都市が公共スペースを取り戻すため、違法に敷地面積を拡張するポルティコを撤去する中、学生や移民の増加で居住スペースを確保する必要があったボローニャでは1288年にすべての家にポルティコをつけるよう自治体が制定。さらに15世紀前後には木造から石造りへ改修が進められ、20世紀にはコンクリート製も登場。多様な材質・デザインのポルティコが見られる美しい街並みが生まれた。

03 イタリア

シエナ歴史地区

登録年・1995年 ― 分類・文化遺産 ― 登録基準・1、2、4

1.シエナの街並み

絵の具の名にもなった赤レンガの美景

イタリア中部・トスカーナの丘に位置するシエナは、13世紀に金融業・芸術で栄え、フィレンツェとトスカーナの覇権を争った。レンガ造りの中世の街並みの美しさは「バーントシェンナ」（シエナの土を焼いた）という絵の具の色が存在するほど。

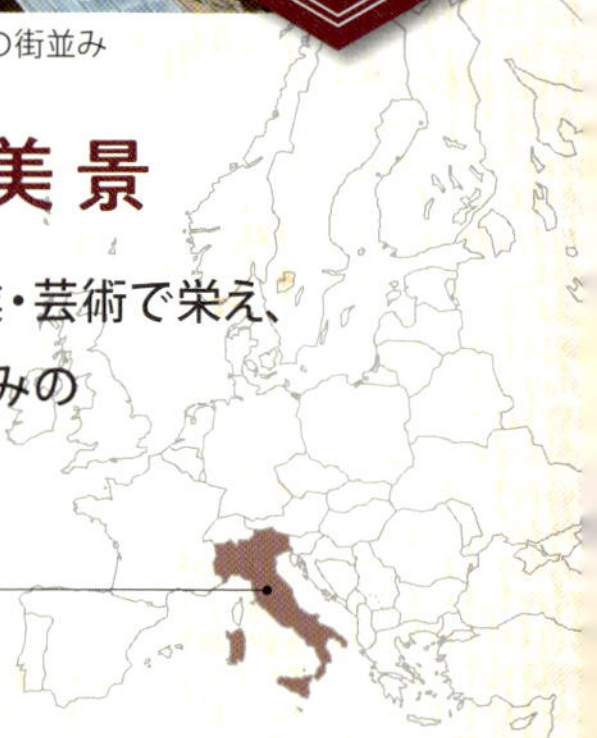

ユニークな扇形の憩いの場 カンポ広場

傾斜のある扇形の広場で、座ったり寝そべってくつろぐ人も多い。中世・近世の建物に囲まれており、当時の雰囲気に浸ることができる。「ガイアの

2. マンジャの塔から見たカンポ広場。扇形をしている

イタリア

3.カイアの泉（噴水の彫刻はコピーで実物はS.M.スカラ救済院蔵） 4.シエナ大聖堂の床装飾 5.シエナ大聖堂 6.プッブリコ宮殿とマンジャの塔

4

3

6

5

泉」という噴水があり、中世の市民が水源として利用したもの。

豪奢なファサードが目を引く シエナ大聖堂

13世紀にシエナが最盛期を迎えた頃、その象徴として建てられた。ファサードはゴシック様式、その他はロマネスク様式。床面の細密な大理石装飾や、聖堂の一角にあり、シエナから教皇を輩出したピッコローミニ家の図書館で有名。

シエナ派のフレスコ画が彩る プッブリコ宮殿

シエナではフィレンツェのルネサンスに先駆けて芸術・文化が花開き、シエナ派の画家が活躍した。現在は市庁舎兼美術館のこの宮殿の内壁は、シエナ派のフレスコ画で彩られ、多くの名画が飾られている。宮殿横のマンジャの塔の上からはトスカーナの風景が見晴らせる。

POINT

シエナのパリオ

街を馬が駆け抜けるシエナのパリオ

「パリオ」は、この街の伝統行事であり、夏を彩る最大のイベント。色鮮やかで個性豊かな中世衣装やコントラーダ（地区）の旗が注目を集めるパレードが繰り広げられたあと、乗馬レースが開催される。中世から続くコントラーダ代表どうしの対抗戦で、カンポ広場に設定される急カーブのあるコースで先を争う様子は迫力満点。12世紀に聖母マリアを讃えて始まったとされるレースで、出走前には教会で祈りを捧げる。

04 イタリア

サン・ジミニャーノ歴史地区

登録年・1990年 ― 分類・文化遺産 ― 登録基準・1、3、4

1.サン・ジミニャーノの街並み

立ち並ぶ塔は中世貴族の争いの跡

サン・ジミニャーノはフィレンツェの南にあるトスカーナの街。トスカーナの中世貴族は塔を派閥間の抗争の拠点とした歴史があり、この街の最盛期には70基以上の塔が林立していた。今なお14基の塔がその姿をとどめ、中世の趣を現代に伝えている。

街1番の高さを誇るポポロ宮殿のグロッサの塔

現存する中で1番高いのは54mのグロッサの塔。貴族が次々と塔を建設する中、街が建てた塔で、これより高い塔の建設を禁じる条例を作った。ポポロ宮殿は市庁舎として1288年に

2. ポポロ宮殿とグロッサの塔

3. ポポロ宮殿の中庭

4.サン・ジミニャーノ大聖堂と鐘楼 5.ドゥオモ広場
Photo by Francesco Gasparetti 6.チステルナ広場
アルディンゲッリ塔（左の双塔）とロニョーサ塔（右奥）

建てられ、市庁舎兼美術館として現役。フィレンツェ時代の絵画が多く収められている。

数々の芸術作品が眠る サン・ジミニャーノ大聖堂

12世紀に造られた大聖堂で、多数の美術品が収蔵されている。ミケランジェロの先駆者と言われるヤコポの『受胎告知』『大天使ガブリエル』の木像や、ルネサンス期の画家ギルランダイオによるフレスコ画、同じくルネサンス期の画家ベノッツォ・ゴッツォリの天井画など。

塔の街を実感できる ドゥオモ広場・チステルナ広場

街の中心部にあるドゥオモ広場は、ポポロ宮殿や大聖堂など街の主要な建物に囲まれている。すぐそばのチステルナ広場には13世紀に掘られた古井戸が残されている。チステルナは井戸の意。いずれの広場も見上げれば塔に囲まれ、中世に思いを馳せられる場となっている。

サン・ジミニャーノの街並み。中央の塔に囲まれた部分がドゥオモ広場 Photo by Kasa Fue

POINT

衰退により、塔のある中世の景観が残った

サン・ジミニャーノはピサやフィレンツェ、ローマへの交通の要衝地であったほか、高価な染料・サフランの生産で財を成した。13世紀、街の貴族は教皇派と皇帝派の2派閥に別れ、富と権力を競うように塔を建設した。その後、2派閥の内紛やペストの流行で街は衰退。他の街では塔が解体され再開発が行われる中、財政に余裕のなかったサン・ジミニャーノにはいくつもの塔が残された。

1. フィレンツェ歴史地区の中心部。中央は美しいサンタ・マリア・デル・フィオーレ大聖堂

05 イタリア

フィレンツェ歴史地区

登録年・1982年、範囲変更・2015年、2021年、2023年

分類・文化遺産 登録基準・1、2、3、4、6

ルネサンス芸術の中心都市

イタリア中部の街フィレンツェは、中世後期に華開いたルネサンスの中心地。
街のあちこちで芸術にふれられるため「屋根のない美術館」と呼ばれる。
当時実権を握っていた大富豪メディチ家がパトロンとなり
芸術家たちを庇護し、芸術・文化を育んでいった。

フィレンツェのシンボル サンタ・マリア・デル・フィオーレ大聖堂

ルネサンス初期に活躍した建築家ブルネッレスキが設計した半円状ドーム（クーポラ）がひときわ目を引く。大聖堂の完成は1438年。木枠を使わない石積み二重構造のドームは当時新しい試みだった。13世紀の着工から複数の建築家が関わっており、ゴシック様式・ルネサンス様式が混在している。

大聖堂横にそびえ建つ ジョットの鐘楼

ルネサンス美術の先駆者で建築家でもあったジョットが構想・設計した。同じく彫刻家で建築家のピサーノやタレンティの手を経て14世紀後半に

2. 大聖堂横に立つジョットの鐘楼

イタリア

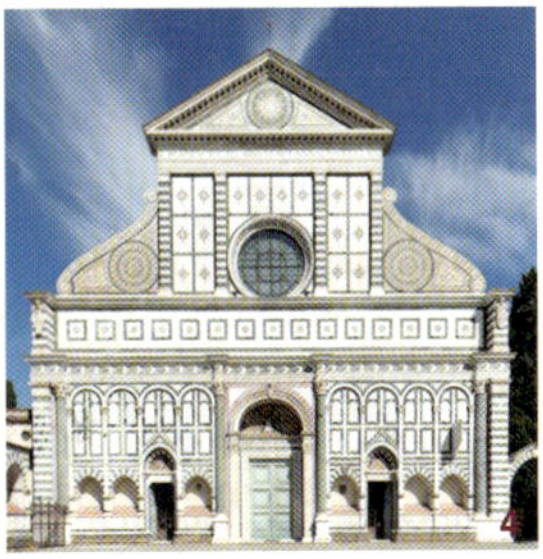

3. サンタ・クローチェ聖堂 **4.** 荘厳な雰囲気のサンタ・マリア・ノヴェッラ教会外観 **5.** サンタ・マリア・ノヴェッラ教会の内部 photo by Kirk K

完成。全体が芸術性に優れているが、とりわけ初期にジョットが直に指揮した基礎部分に施された象眼やレリーフ、彫刻が見事。高さ約85m、内部にある414の階段を上るとフィレンツェを一望できる。

「イタリアの栄光の神殿」サンタ・クローチェ聖堂

幾度も増改築が重ねられ現在の姿になったのは14世紀後半とされる。フランシスコ会の教会でイタリアの代表的ゴシック建築の一つ。「イタリアの栄光のパンテオン（神殿）」と呼ばれ、ルネサンス時代の巨星ミケランジェロやマキャヴェッリなど当地に多大な功績を残した人物が眠っている。美しい装飾部分もあるが、全体はフランシスコ会の清貧精神を映す質素な造りとなっている。

白と緑の大理石を纏ったサンタ・マリア・ノヴェッラ教会

14世紀にドメニコ会により造られた。奥行き約100mにおよぶ内部ではルネサンス初期の画家マザッチオが描いた「三位一体」や、当時ステンドグラス師として名を馳せたアラゴンティの作品などが見られる。少し離れた場所に、修道士が薬草を栽培・調合したことに由来を持つ「世界最古の薬局」がある。

メディチ家の紋章

もともと家業としていた薬屋の、薬の玉をモチーフにしたといわれる。フィレンツェの街では今も見かける。

POINT

フィレンツェの栄華はメディチ家とともにあった

フィレンツェにおけるルネサンスの進展を支えたのはロレンツォ・デ・メディチ（1449〜1492）。銀行業で成功を収め、フィレンツェを事実上支配したメディチ家にあって、その最盛期を支え「イル＝マニフィコ」（偉大な人）と称された。ミケランジェロやマキャヴェッリなど多くの芸術家を庇護するパトロンでもあった。彼の死後、メディチ家は衰退しフィレンツェ追放にまで至るが、後にトスカーナ公国が成立すると君主として復帰を果たした。

ルネサンス時代の名残を愉しむ

フィレンツェの変遷を知る
ヴェッキオ宮殿

もとは13～14世紀の商業都市フィレンツェ共和国の政庁舎。当時の為政者らがここで顔を突き合わせ、さまざまな意志決定を行った。16世紀からメディチ家が住み、敵から逃れるための隠し部屋などを持つ宮殿に造り変えられたが、入り口には政庁舎時代の名残である町の紋章があり、2、3階には会議場や法廷として使われた部屋が残っている。

6.ヴェッキオ宮殿の一部を博物館として開放

膨大な美術品を収蔵する
ピッティ宮殿

15世紀半ば、メディチ家と対抗する銀行家ピッティが建設を目指した宮殿。大聖堂のクーポラを手掛けた建築家ブルネッレスキが設計を担当した。メディチ家より豪華な建物を造ろうとしたピッティだが、完成前に死去したため建設は頓挫。約100年後の1549年にメディチ家が買い取り完成させた。現在はメディチ家の美術品を主に展示する美術館で、ルネサンス最盛期を象徴する画家ラファエロの絵画などが見られる。

巨匠の作品群が圧巻
ウフィツィ美術館

トスカーナ公国の初代大公コジモ1世が16世紀に、それまで分散していたフィレンツェの行政機関をまとめる目的で造った建物を利用。イタリア最大級の美術館。メディチ家の大量のコレクションが展示されており、ルネサンス期に活躍した画家ボッティチェリの「ヴィーナスの誕生」「春」や、レオナルド・ダ・ヴィンチの「受胎告知」などが見もの。中世ゴシックの作品も収蔵されている。

本物のダヴィデ像を間近に
アカデミア美術館

ヨーロッパで最古級といわれる16世紀建造の美術学校が使われている。ルネサンスを先導した、いわゆるフィレン

7.アカデミア美術館のイタリアらしい作品群

イタリア

ツェ派の絵画など名作が並ぶ。ぜひ見ておきたいのはミケランジェロ作の彫刻で、ヴェッキオ宮殿前のシニョリーア広場とフィレンツェを一望する丘の上のミケランジェロ広場に置かれている「ダヴィデ像」のオリジナルがある。

宝飾品店も見所の一つ ヴェッキオ橋

フィレンツェ最古といわれる橋。13世紀頃には、橋の1階部分が肉や革製品の売買の場だったそうだが、16世紀トスカーナ公国の第3代大公フェルディナンド1世がその臭いを嫌い、それらを扱う業者を退去させて以降、主として宝飾店が並ぶようになったという。後に2階部分にメディチ家が「ヴァザーリの回廊」を造り、ヴェッキオ宮殿とピッティ宮殿を結ぶ秘密の道として使った。

8.ピッティ宮殿内部の美しい装飾 **9.**巨匠の作品を収蔵するウフィツィ美術館内部 **10.**フィレンツェを流れるアルノ川に架かるヴェッキオ橋。橋の上には宝飾品店が並ぶ

POINT

ヨーロッパを近代に導いたルネサンス

ウフィツィ美術館に収蔵のボッティチェリ「ヴィーナスの誕生」

14〜16世紀に沸き起こったルネサンスは、中世の封建制度や教会第一主義に束縛された社会からの解放、また古代ギリシャ・ローマ時代のようなヒューマニズムの尊重を取り戻そうとする動きで、時代の転換をもたらす一因となった。かつてのローマ帝国の中心地であるイタリア地域で成立した諸都市は、徐々に封建制度から自立して共和制都市となり、この時期のこうしたムーブメントを牽引した。東方貿易により経済が発展し、文化や芸術のパトロンとなる富裕層が誕生したことも背景にある。

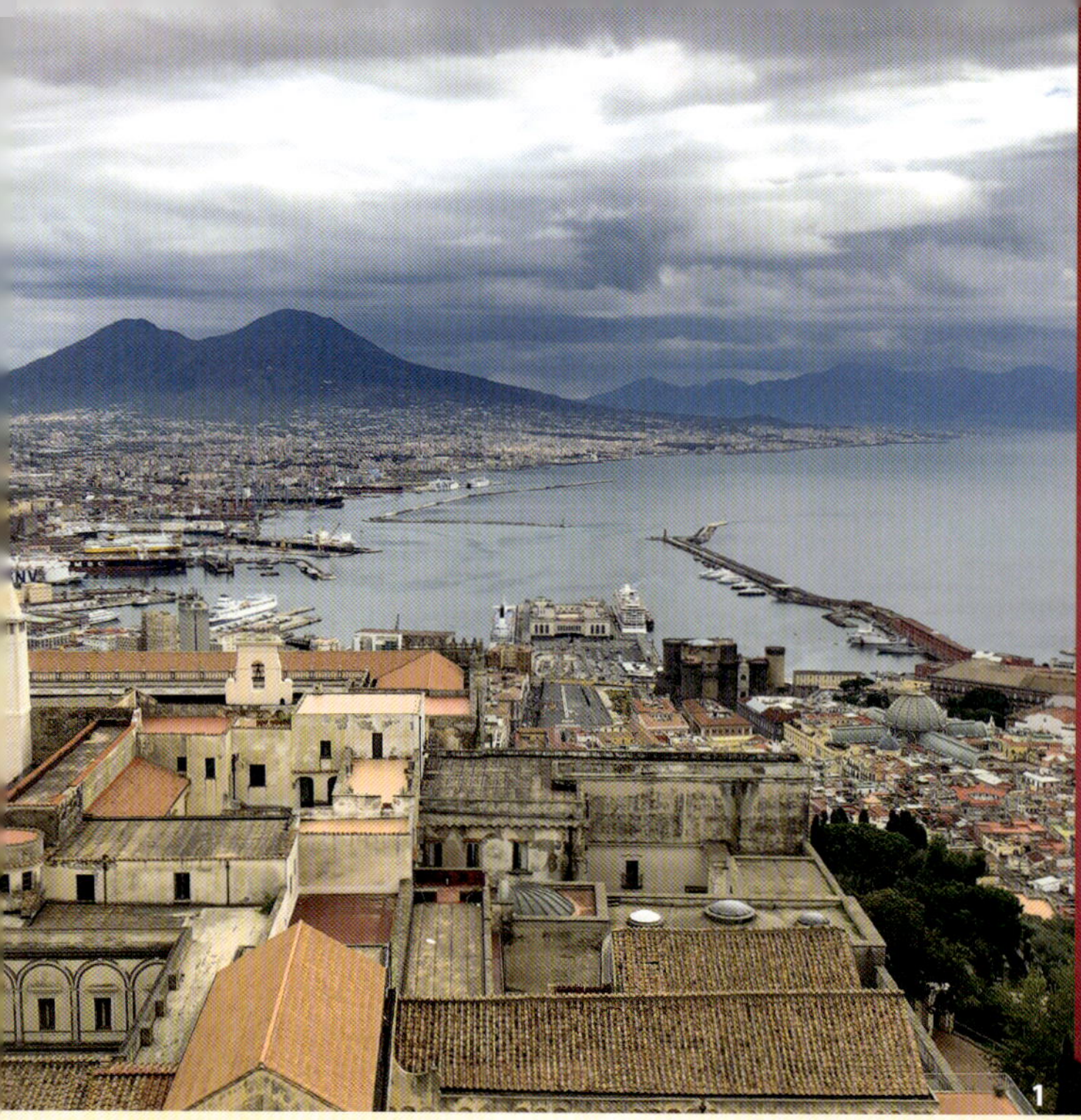

1.ナポリの街並みとナポリ湾・ヴェスヴィオ火山

06

イタリア

ナポリ歴史地区

登録年・1995年、範囲変更・2011年 ― 分類・文化遺産
登録基準・2、4

ネアポリス（新都市）が語源の港街

イタリア南部のナポリは、ナポリ湾とヴェスヴィオ火山を望む港街で、その美しさは「ナポリを見てから死ね」と表現されるほど。紀元前の古代ギリシャ時代から続く街の長い歴史の中で、支配国が変わるたび文化や街並みもその影響を受けてきた。

港にぽつりと浮かぶ不思議な伝承のある卵城

サンタルチア港にある城で、ナポリの街並みが見渡せる。もとはローマ帝国の軍人の別荘で、建設の際に卵を埋め「卵が割れるとき、城もナポリも滅びるだろう」と呪文をかけた伝承がある。12世紀頃からナポリはノルマ

2. 港に突き出した卵城

イタリア

3.古代・中世の雰囲気が残る下町（スパッカ・ナポリ）　4.ヌオヴォ城　5.ヌオヴォ城入り口（ルネサンス様式の凱旋門）の彫刻　6.ナポリ大聖堂
photo by Alex DOROP

ン人によるシチリア王国の支配を受けたが、その際に要塞として整備された。

5基の円塔が守りを固める ヌオヴォ城

13世紀にフランス・アンジュー家のナポリ王カルロ1世が建てたためアンジュー砦とも。円塔に囲まれた堅牢な城塞で、ナポリの防衛拠点であった。ルネサンス様式の門はスペインの支配時代に造られ、城の飾らない印象とは対象的に繊細な彫刻が施されている。

乾いた血が液化する奇跡 ナポリ大聖堂

他国の侵略や自然災害に悩まされた人々の心を支えた大聖堂。カルロ1世以降の数世代にわたり建設された。ナポリの守護聖人である聖ヤヌアリウスの乾いた血が液化する奇跡で知られ、5月と9月の祝祭には多くの人が集う。

アンジュー家の紋章とサンタキアラ教会

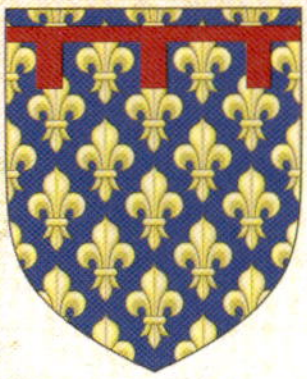

アンジュー家の紋章
by Carlodangio

サンタキアラ教会の中庭
photo by Enzo Abramo

POINT

アンジュー家とナポリ

ナポリの最盛期はアンジュー家のロベルト1世の治世。ナポリに安定をもたらした彼は賢王と呼ばれた。彼とその家族が眠る墓が、ナポリの中心に位置するサンタキアラ教会にある。第二次世界大戦中に爆撃されるも戦後に再建。中庭の柱やベンチはマジョリカタイルで美しくあしらわれており、静かでゆったりとした時間が流れている。

07 イタリア

パレルモのアラブ・ノルマン様式建造物群およびチェファル大聖堂、モンレアーレ大聖堂

登録年・2015年 ― 分類・文化遺産 ― 登録基準・2、4

1.パレルモの街並み

異文化混淆のシチリア王国の首都

シチリア島のパレルモでは、アラブ・ノルマン様式という特有の建築様式が見られる。9世紀にアラブ人、12世紀にノルマン人に征服された影響だ。ヨーロッパを移動し各地の文化を吸収していたノルマン人は、アラブを含めた多様な地方の様式を交えて建物の建設や拡張を行った。

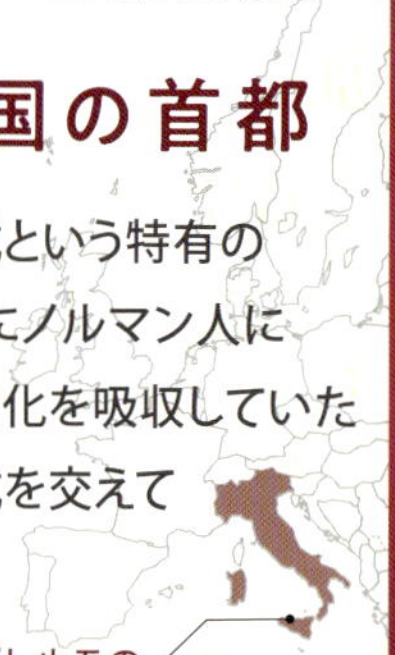

多様な建築様式が調和 ノルマン二宮殿

かつての要塞がノルマン朝シチリア王により王宮として拡張された。パレルモいち美しいと言われるパラティーナ礼拝堂があり、黄金色を基調としたモザイク装飾はビザンツ様式。さらに16世紀にスペインが支配した際には、ルネサンス様式で改修され副王の宮殿となった。

2.ノルマン二宮殿

イタリア

3.チェファル大聖堂 photo by Matthias Süßen 4.サン・カタルド教会 5.モンレアーレ大聖堂のモザイク装飾

シンメトリックな チェファル大聖堂

1131年からノルマン様式で建設が始まり、100年以上かけて完成した。ファサードのノルマン様式の塔はムリオン（仕切り）のある窓が特徴的。下部にはポルティコ（柱廊）も見られる。

イスラム色の強い サン・カタルド教会

12世紀に建てられた教会で、アラブ風の朱色のドームが特徴的。ノルマン人の支配下でもアラブ人が共存したことを物語る、パレルモ特有の建造物。窓や床を幾何学模様が彩る。

世界最大級のモザイク装飾 モンレアーレ大聖堂

現存する教会の中で世界最大級のモザイク装飾が見られることで有名。表面積にすると約6500㎡でイタリアの指定保護文化財建造物にもなっている。

POINT

9つの建造物の一つパレルモ大聖堂

世界遺産を産んだ シチリア王国ノルマン朝

シチリア王国ノルマン朝は、北フランス出身のノルマン人がシチリア島に進出して建てた王朝。1130年から、1194年に神聖ローマ帝国シュタウフェン朝の支配が始まるまでの64年間、パレルモを支配した。このわずか64年の間に造られた、アラブ人・ノルマン人の影響が色濃い9つの建造物が世界遺産となっている。

08 バチカン市国

バチカン市国

登録年・1984年 ― 分類・文化遺産 ― 登録基準・1、2、4、6

1.サンピエトロ広場を聖人像が見守る photo by valyag

全土が世界遺産のカトリックの総本山

世界最小の国・バチカン市国は、世界に10億人を超える信徒をもつカトリック教会の聖地で、国まるごとが世界遺産となっている。ラファエロやミケランジェロも携わった歴史的建造物に囲まれ、ヨーロッパの歴史と文化を動かしてきた。

ミケランジェロも携わったサン・ピエトロ大聖堂

イエス・キリストの弟子聖ペテロが皇帝ネロの迫害で殉教し、その墓の上に建てられた聖堂が原点。現在の姿はルネサンス期から建設されたもので、クーポラはミケランジェロの設計。大聖堂前のサン・ピエトロ広場はバロック芸術の巨匠ベルニーニの設計で、広場

2. サン・ピエトロ大聖堂

バチカン市国

3.サン・ピエトロ大聖堂内部 4.大聖堂のステンドグラス 5.バチカン宮殿 6.バチカン美術館の二重螺旋階段

を囲む回廊の上からは弟子ら作の１４０体超の聖人像が見守る。

ローマ教皇が住まう バチカン宮殿

サン・ピエトロ大聖堂の横に建つ宮殿。アヴィニョン捕囚（１３０９-１３７７）の後、教皇がローマに戻ったのを機に整備され、一部がローマ教皇の住居として使われている。図書館や博物館、礼拝堂を擁し、ミケランジェロの『最後の審判』で有名なシスティーナ礼拝堂や、ラファエロの『アテネの学堂』などフレスコ画の傑作がある「ラファエロの間」が有名。

世界最大級の美術館 バチカン美術館

歴代ローマ教皇の収集品が収蔵されている、複数の美術館の総称。礼拝堂なども含めた見学コースは約７㎞にもなり、しっかりと見て回るには数日かかると言われている。

バチカンのスイス衛兵

POINT

16世紀からバチカンを守り続けるスイス衛兵

バチカン市国を守るスイス衛兵。その始まりは16世紀初めにさかのぼる。教皇ユリウス2世が常設軍を作る際、当時ヨーロッパで群を抜いた強さを誇ったスイス傭兵を採用した。現在までそれが受け継がれ、今もカトリックのスイス市民が衛兵に任用されている。

1.ロードスの街と騎士団長の館 photo by Bernard Gagnon

09 ギリシャ

ロードスの中世都市

登録年・1988年 ｜ 分類・文化遺産 ｜ 登録基準・2、4、5

騎士団が築いたエーゲ海の城塞都市

イスラム勢力によって聖地エルサレムを追われた聖ヨハネ騎士団が、1309年にロードス島に拠点を移して築いた城塞都市。彼らはここで2世紀にわたりイスラム勢力と対峙した。城壁や騎士団員が暮らした館がほとんど当時のまま残されている。

全長4㎞の城壁で守りを固めたロードス

聖ヨハネ騎士団（ロードス騎士団）がイスラム勢力の侵攻に対抗するために築いた城壁は、全長4㎞、厚さ最大10mにも及ぶ。2世紀にわたりイスラム勢力を退けるも、16世紀に島はイスラム教の大国・オスマン帝国の支配下となった。島の街並みがトルコ風

2. 外堀。丸い石はオスマン帝国が撃ってきた砲弾

3.聖母マリア門 4.騎士団長の館入り口 5.騎士団の道

に変わる中、旧市街の城壁や建物はほとんど変わらず維持され、現存する最大級の城塞都市となっている。

行政の拠点でもあった 騎士団長の館

7世紀ごろに造られた建物を改築し、騎士団長（グランドマスター）の館とした。騎士団の司令部や街の行政府も兼ね、街の中枢となった。1856年に火薬庫の爆発事故で崩壊したものの1937年に再建された。

母国語ごとに館があった 騎士団の道

騎士団の道は、街はずれから騎士団長の館まで続く石畳の道で、騎士団員たちが暮らした騎士館が軒を連ねる。団員はほとんどが貴族出身で、フランス・イタリア・ドイツなど母国語ごとに8つの騎士館グループに分かれていた。この騎士館は現在でも各国の領事館などとして使用されている。

マルタ騎士団の紋章

POINT

900年受け継がれる騎士道 聖ヨハネ騎士団

もとは聖地エルサレムで医療活動を行っていた修道院。1113年に騎士修道会として教皇に公認され、聖地を守る騎士団となった。中世ヨーロッパの三大修道騎士団の中で唯一現存し、2013年に設立900年を迎えた。現在の通称はマルタ騎士団。国土を有さないものの、外交を結ぶ国は世界で100カ国にのぼり、約120カ国で医療などの慈善活動を続けている。

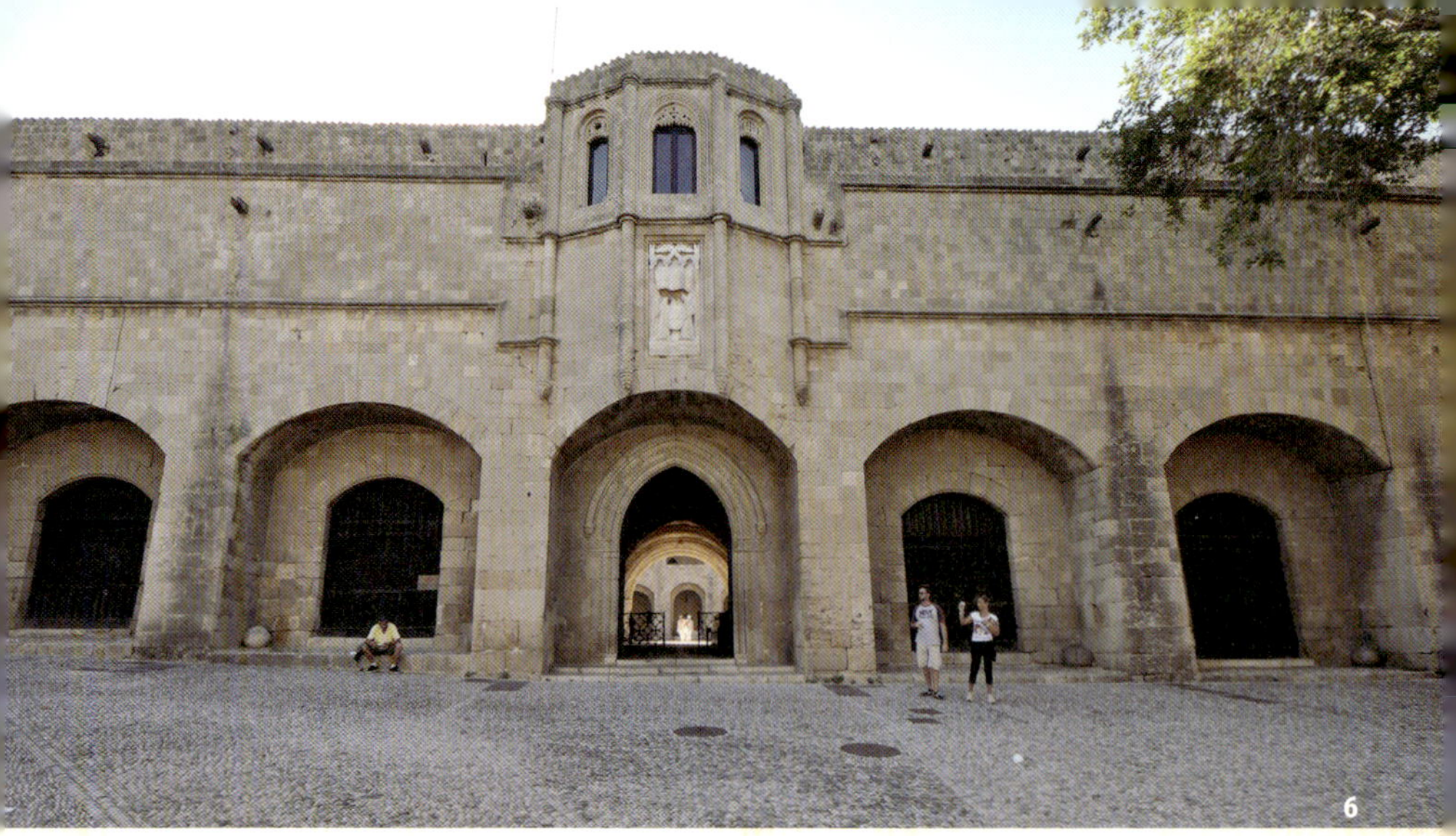

6.ロードス考古学博物館 photo by Jorge Láscar

騎士団の病院を改装したロードス考古学博物館

聖ヨハネ騎士団の「聖カタリナ病院」を改修した博物館。島で発掘された装飾品などが展示されており、「ロードスのアフロディーテ」など多数の彫刻も間近で見られる。

街を見守ってきた見晴らしの良い時計塔

7世紀末に造られたというビザンツ様式の時計塔。最上階からはロードス港が一望できる。1851年に起きた地震により損傷したが、その後再建された。塔の足元にはカフェがあり、現地住民や観光客の憩いの場として親しまれている。

マンドラキ港を守る聖ニコラス砦

2000年以上島の主要な港であったというマンドラキ港にある砦。灯台からはエーゲ海が見渡せる。すぐ近くに「ヘリオスの巨像」があったとされ、

7.ロードス考古学博物館 photo by Jorge Láscar 8.ロードス考古学博物館 photo by Julie Mac 9.時計塔 photo by Andrey Filippov 安德烈 10.時計塔

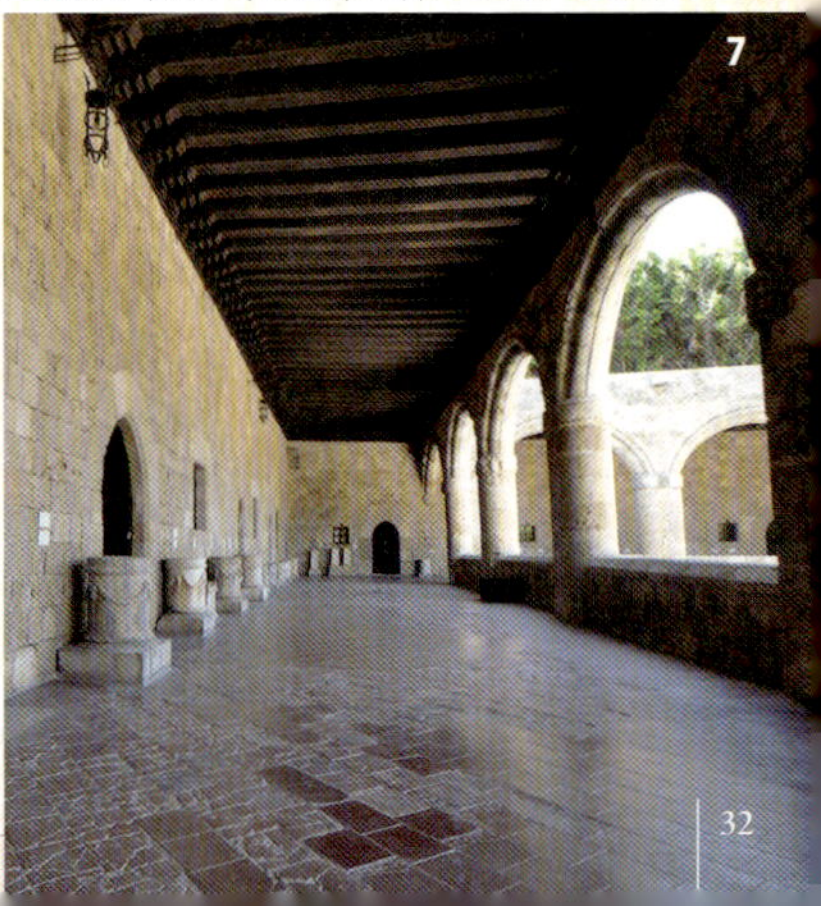

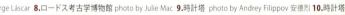

11.聖ニコラス砦とマンドラキ港 **12.**マンドラキ港の赤い風車 **13.**スレイマニエ・モスク Photo by Dreizung

現在は鹿の像が建っている。砦まで続く道には赤い屋根の風車小屋が並び、青く澄んだエーゲ海に映えている。

騎士団の退去後に造られたスレイマニエ・モスク

1522年のロードス包囲戦でオスマン帝国に敗れた聖ヨハネ騎士団は、ロードス島からの退去を余儀なくされた。その後オスマン帝国によって造られたのがスレイマニエ・モスク。帝国軍を率いたスレイマン1世の名前に由来する。ミナレット（細長い塔）と多くのドームを有するイスラム教寺院。

聖ヨハネ騎士団はその後シチリア島、マルタ島へ移ってオスマン帝国に抵抗を続けた。オスマン帝国の勢いは止まらず、東地中海での覇権を確立していった。

POINT

リンドスのアクロポリス photo by Alex Grechman

エーゲ海の絶景を一望 リンドスのアクロポリス

中世都市から車で1時間ほどのリンドス村の、さらに徒歩やロバで進んだ小高い所に、古代ギリシャ遺跡（アクロポリス）がある。見晴らしがよく観光客に人気で、ここから眺める聖ポール港はハート型に見える。切り立った崖の上に造られたこのリンドスのアクロポリスは、天然の要塞として聖ヨハネ騎士団やオスマン帝国も利用していたと言われてている。

1. 海から見たヴァレッタ市街 photo by Olga Prystai

10 マルタ

ヴァレッタ市街

登録年・１９８０年 ― 分類・文化遺産 ― 登録基準・１、６

地中海に浮かぶルネサンス都市

イスラム勢力によりロードス島を追われた聖ヨハネ騎士団がマルタ島に本拠地を移し、難攻不落を目指して築いたのがヴァレッタ市街。クリーム色のマルタストーンが使われた街は、美しさと守りの堅さ、住みよさを兼ね備え、ルネサンスの理想都市と言われた。

騎士が眠る聖ヨハネ大聖堂

１５６０年代、聖ヨハネ騎士団はヴァレッタ市街に豪華な建物を次々と建設した。オスマン帝国の攻撃を退けた功績が高く評価され、貴族から贈られた莫大な寄付が資金源となった。

聖ヨハネ大聖堂はその代表的な例で内観が煌びやか。主祭壇のほか、騎士団を構成する８グループの母国語に対応した礼拝堂があり、床は約４００枚の騎士団員の墓碑で埋め尽くされている。

2. 聖ヨハネ大聖堂

武器や甲冑が見られる騎士団長の宮殿

騎士団の本拠地であり騎士団長の住まいでもあった宮殿。オスマン帝国を撃退したマルタ大包囲戦の様子が描かれたホールや、中世の甲冑が並ぶ廊下、剣・槍・大砲など実際に使われた武器がある兵器庫と見所が豊富。

騎士団に勝利をもたらした激戦の地聖エルモ砦

海に面した星形要塞。もともと小さな砦があった場所に、聖ヨハネ騎士団によって造られた。マルタ大包囲戦では約1カ月もの間オスマン軍の攻撃に耐えた。最終的に陥落したものの、ここで足止めできたことで援軍が間に合い、騎士団に勝利がもたらされたと言われている。

3.聖ヨハネ大聖堂の主祭壇 **4.**大聖堂の礼拝堂
5.騎士団長の宮殿 **6.**宮殿の内部
7.宮殿の中庭 **8.**聖エルモ砦 photo by Dion Hinchcliffe

POINT

聖ヨハネ騎士団が与した十字軍とは？

十字軍とは聖地エルサレムをめぐりイスラム教諸国と対立した西欧カトリック諸国による軍事遠征のこと。聖地エルサレムをキリスト教世界の範囲に入れることを目的とした。三大騎士団として、聖ヨハネ騎士団、テンプル騎士団、ドイツ騎士団が有名。

第1回十字軍によるアンティオキア包囲戦

1. 15世紀にエンリケ航海王子の海外進出とともに発展した街

11 ポルトガル

ポルト歴史地区

登録年・1996年 — 分類・文化遺産 — 登録基準・4

大航海時代の嚆矢となった港湾都市

ポルトは交易都市としてローマ時代から発達し、
中世後期の大航海時代にはアフリカに向かう船団を送り出した。
イスラム支配や大航海時代の領地獲得による繁栄を経たカラフルな街は
現在はポートワインの輸出が盛んな港となっている。

市内最古の建物のひとつ ポルト大聖堂

ポルトガルではイスラム教徒の支配を経て、中世のレコンキスタ（国土回復運動）の過程でキリスト教建築が発達した。ポルト市内で最も古い建造物の一つであるポルト大聖堂は、ポルトガルでのレコンキスタ完了前後の12～13世紀にロマネスク様式で建設が始まった建物。要塞としての機能を想定して造られたという堅牢な建物で、その後の改築でゴシックやバロックなどの建築様式が混在していった。

2. 旧市街で最も古い建造物・ポルト大聖堂

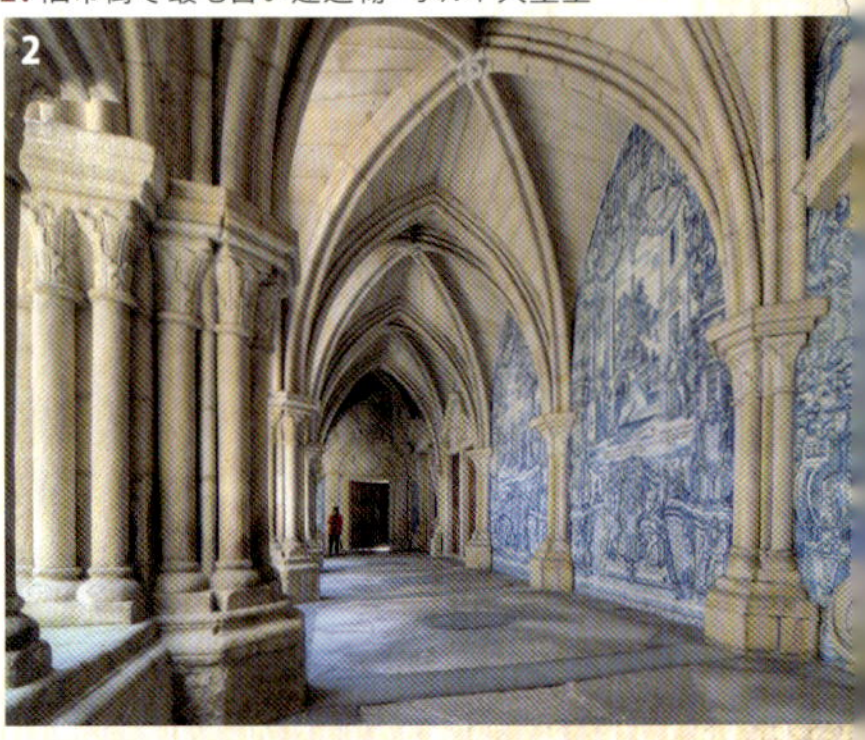

ポルトの繁栄の象徴、サン・フランシスコ教会

建設が始まったのは14世紀前後と考えられているサン・フランシスコ教会は、ゴシック様式で建てられ、その後の改修で内装にバロック様式が用いられた。17世紀末に植民地からもたらされた黄金の金泥細工が夥しく天井や祭壇などの内壁を埋め尽くし、訪れる者を圧倒する。ほか、礼拝堂のキリストの家系図（エッサイの木）も見どころ。

国名の由来にもなった港町

ドウロ川の河口に位置するポルトは、ローマ時代には「ポルトゥス・カレ（カレの港）」と呼ばれ、ポルトガルの国名の由来になった。大航海時代の先駆けとなった港町で、旧市街中心のサン・ベント駅構内の壁面には当時のポルトガル国王ジョアン1世のポルト入城やアフリカのセウタ攻略などの歴史が、アズレージョという伝統的な装飾タイルで描かれている。

3. ポルトのドウロ川と旧市街夜景
4. 14世紀に建設された修道院付属の教会・サン・フランシスコ教会

POINT

エンリケ航海王子が大航海時代の栄光を伝える

サン・フランシスコ教会の隣に広がるエンリケ航海王子（1394-1460）広場。この広場から数分歩いたところに王子の生家が現存する。ジョアン1世の息子で、セウタ攻略後にはキリスト騎士団長に任命され、探検航海と植民政策を担った人物。亡くなる頃にはポルトガルは西アフリカのシエラレオネまで到達していた。

広場にあるエンリケ航海王子の記念碑

1.歴代の王が趣向を凝らして増改築を繰り返したシントラ宮殿 photo by Eric Huybrecht

12 ポルトガル

シントラの文化的景観

登録年・1995年 ― 分類・文化遺産 ― 登録基準・2、4、5

ポルトガル王家の美の幻影が残る場所

ポルトガルの首都リスボンの近郊にある街、シントラ。14世紀ごろにはポルトガル王室の避暑地として代々の王族の憩いの場となった。豊かな植生を保つ鬱蒼とした森の中に、シントラ宮殿、ペーナ宮殿、レガレイラ宮殿など、それぞれに特徴的な姿の城が佇む。

イスラム教徒の建物を歴代の王が増改築したシントラ宮殿

リスボンに隣接する「エデンの園」といわれた古都シントラ。12世紀にアフォンソ1世がリスボンをイスラム勢力から奪還したことでシントラもキリスト教の街となった。イスラム教徒が遺した建物をディニス1世が離宮として整備し、ジョアン1世が増改築して様々な建築様式が混在したハイブリッドな建造物に。16世紀にはマヌエル1世が貴族と自身の紋章を飾り立てた、アラビア風装飾の壮麗なドーム型天井を作った。

なお、ディニス1世は農商業や貿易が発達した時期の、ジョアン1世はアフリカ進出期の、マヌエル1世はヴァスコ・ダ・ガマを送り出しインドの香辛料をヨーロッパにもたらす航路を発見させた為政者。シントラ宮殿は代々の富を費やして改築されていった。

2. シントラ宮殿内部のドーム型天井 3.まるで天空の城ともいえそうなペーナ宮殿 photo by Juanje Orío 4.ファンタジーの世界に迷い込んだようなレガレイラ宮殿 photo by Koshelyev

天正遣欧使節が謁見「白鳥の間」

豪奢なシントラ宮殿の内部には、ポルトガルの伝統的な装飾タイル・アズレージョで飾られた部屋がいくつもある。「白鳥の間」と呼ばれる部屋は天井に27羽の白鳥が描かれたタイルが貼り込まれ、白壁とのコントラストが美しい。16世紀後半、ローマ教皇とポルトガル国王謁見のためヨーロッパを訪れた天正遣欧使節の少年たちがこの「白鳥の間」で枢機卿に謁見したというエピソードが残っている。

物語の世界に迷い込むレガレイラ宮殿

まるでダンジョンに迷い込んだような世界観で、近年注目を集めているレガレイラ宮殿。12世紀の宮殿が19～20世紀にかけて改築された建物で、所有者ならではの世界観が見られる一方、ゴシックやルネサンス様式、またマヌエル1世の時期に教会建築を席巻したマヌエル様式（フランボワイアン・ゴシック）など、様々な建築様式が用いられているのも見どころ。

見上げるとペーナ宮殿を視認できる
photo by Portuguese eyes

POINT

ポルトガルの万里の長城、ムーアの城跡

シントラの街を一望できる、標高450mの山頂に築かれた「ムーアの城」の遺跡。8世紀にイベリア半島を侵略した北西アフリカのイスラム教徒はムーア人と呼ばれた。1147年にアフォンソ1世がこの地を奪還した際に攻撃され、その後修復されたものの現在は城壁だけが残っている。

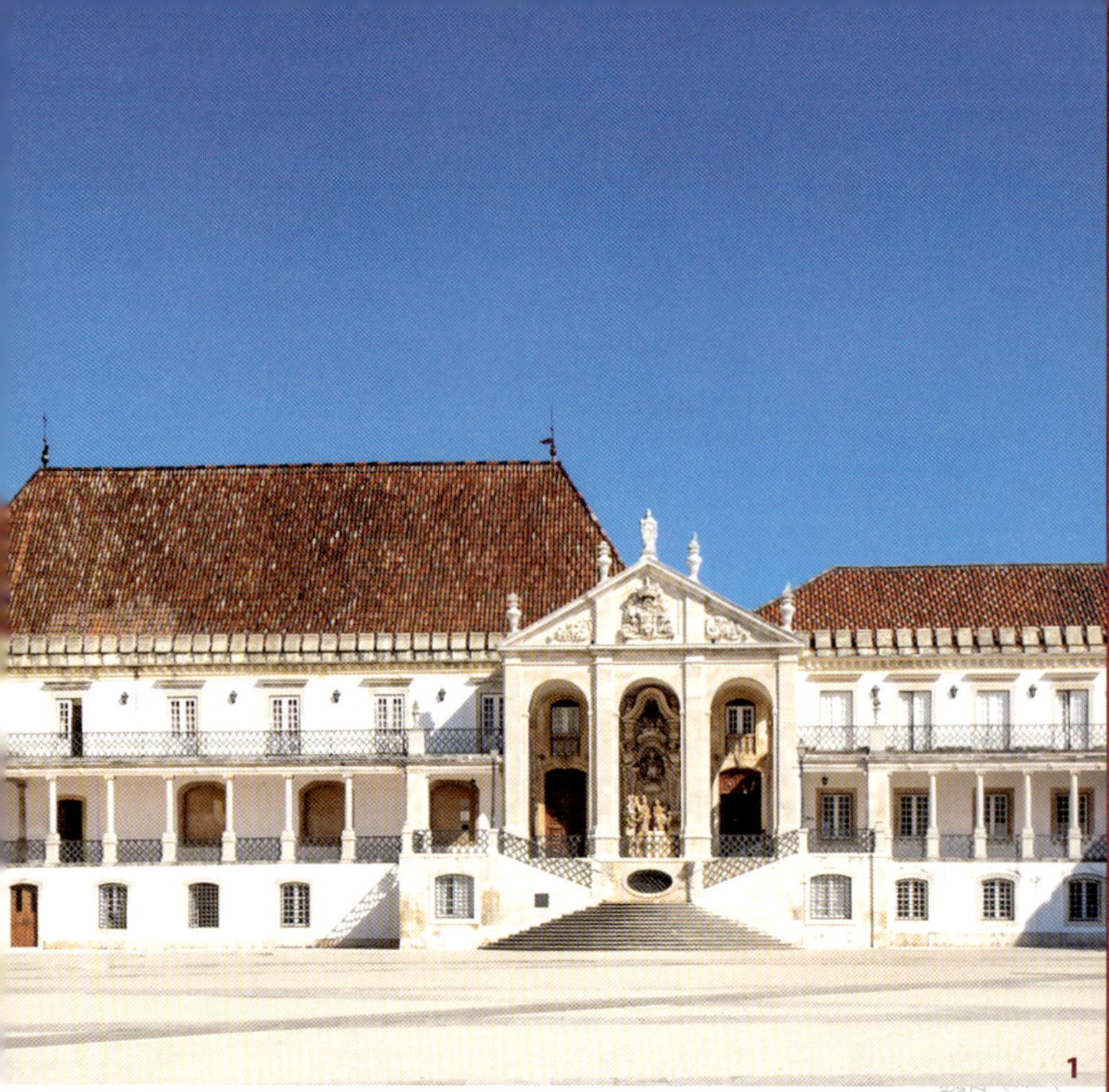

1

1.8つの学部で約2万人の学生が学ぶコインブラ大学

13 ポルトガル コインブラ大学-アルタとソフィア

登録年・2013年 ― 分類・文化遺産 ― 登録基準・2、4、6

ヨーロッパ最古の大学都市のひとつ

ポルトガル最古の名門大学と密接に結びつきながら発展してきた大学都市コインブラ。旧市街のアルタ地区とソフィア地区では、大学の歴史とともに残されてきた建築物を見ることができる。

2.コインブラ大学の門

13世紀設立のポルトガル最古の大学

1290年、ディニス1世がリスボンにエストゥード・ジェラルと呼ばれる一般教養学院を設立。国政に携わる人材育成を目的とした、民法や教会法、医学、神学などを学べる教育機関だったが、教官と学生に与えられた自由裁量権が濫用されるなど市民との対立が起こり、1308年にコインブラに移設された。その後もたびたびリスボンとコインブラの間で移転が繰り返され、最終的にコインブラに落ち着いた。

現在もポルトガルの名門で、約2万人の学生が8つの学部で学んでいる。

聖職者の学校でもあった サンタ・クルス修道院

ソフィア地区にある、12世紀にアフォンソ1世が建てた修道院。聖職者養成のための機関であり、こうした教育の素地が整っていたことが大学設立の地として選ばれた理由とされている。ロマネスク様式の建物だったが、16世紀のマヌエル1世の改築により、マヌエル様式やルネサンス様式が融合した建物になった。

レコンキスタ時代の姿を残す旧大聖堂

アルタ地区にある、同じく12世紀にアフォンソ1世によって建てられた大聖堂。建設当時のロマネスク様式の堅牢な造りがそのまま残り、胸壁のある外観からは要塞の役割を担ったことが読み取れる。コインブラは1064年にイスラム勢力から奪還されるとレコンキスタの拠点となっていた。こうした建物を中心に擁する旧市街の佇まいからは、中世の要塞都市の顔も垣間見える。

3. 観光にも人気のあるサンタ・クルス修道院
4. 美しく豪華なコインブラ大学メインホール
5. コインブラ大学の旧大聖堂

POINT

近世ポルトガルの繁栄を映す図書館

大学を構成する建物の中でも特に見ごたえがあるのが、18世紀前半にかけて当時の国王ジョアン5世によって造られたジョアニナ図書館。大航海時代を経て、当時のポルトガルはブラジルを植民地として大量の金を手に入れていた。バロック様式の世界一美しいとされる豪華な図書館はこの時代ならでは。

世界で最も美しい図書館と評されるジョアニナ図書館

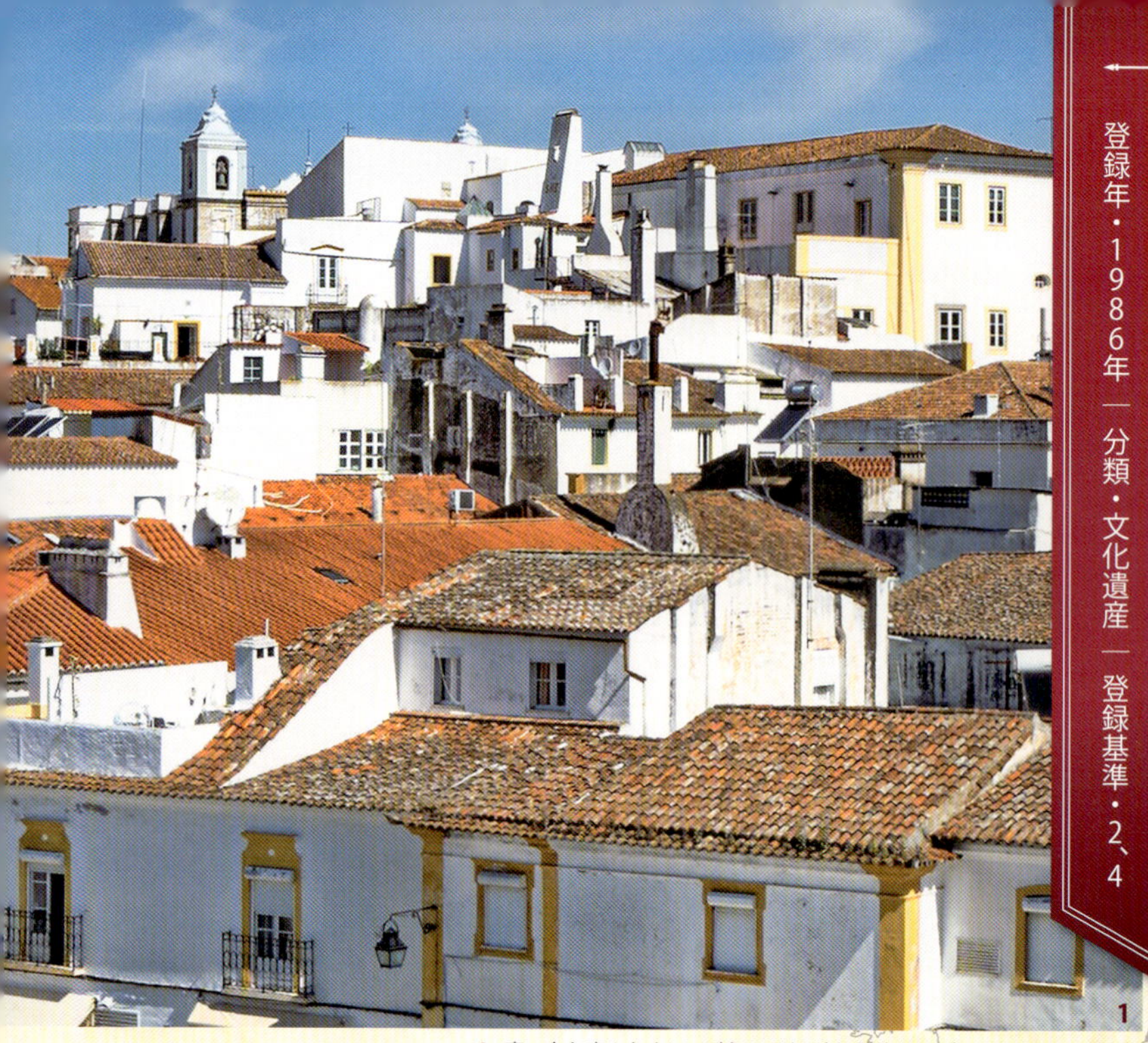

1. 真っ白な家々とオレンジ色の屋根が印象的なエヴォラならではの景色

14 ポルトガル

エヴォラ歴史地区

登録年・1986年 ― 分類・文化遺産 ― 登録基準・2、4

2000年の時を超えた「博物館都市」

同心円状に広がるエヴォラの街の中心にある、二重の城壁に囲まれた歴史地区。紀元前からさまざまな民族が作り出してきた建物が残り続けて共存し、「博物館都市」と呼ばれている。

各時代の建築物が何世紀にもわたり残る街

エヴォラの街を作ったのは、独自の言語と習慣を持ちポルトガル文化の祖先といわれるルシタニア人。その後ローマ帝国がイベリア半島を支配する過程で街はローマ風に要塞化される。この頃に城壁や神殿が作られた。イスラム支配とレコンキスタを経て12世紀にはポルトガル王国による統治が始まり、やがてルネサンスが花開いた。様々な時代の建造物が混在する街は魅力的な博物館と化している。

2. 観光客や地元の人で賑わうジラルド広場

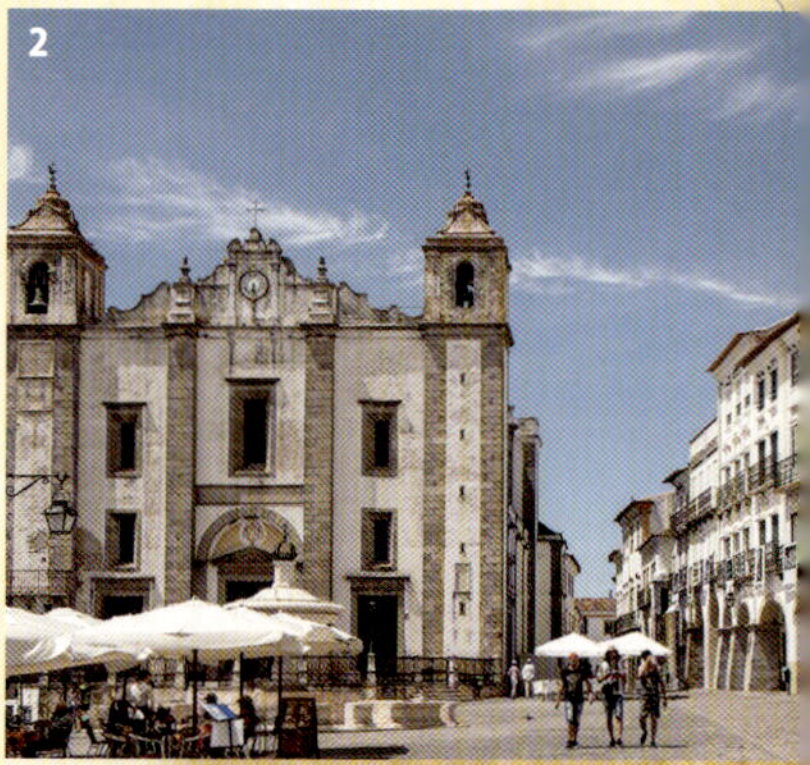

3.白い家並みの「10月5日通り」
4.強固で重圧感のある外観が特徴のエヴォラ大聖堂

オープンテラスのカフェが並ぶジラルド広場

エヴォラのメイン広場であるジラルド広場からは白い家並みが並ぶ通りが放射状に広がる。広場の名前の由来は、イスラム教徒の街となっていたエヴォラをレコンキスタの際に陥落させたジラルド・ジェラルデスという人物。教会やカフェが広場に面し、噴水を背に休む人々も多く見られる。

ロマネスク様式とゴシック様式が混合した日本とゆかりのある大聖堂

街がイスラム教徒の手から奪い返された後、12世紀末～13世紀にかけて建てられたエヴォラ大聖堂。重々しいロマネスク様式の外観と壮麗なゴシック様式の内観が混在する。エヴォラは16世紀にイエズス会の大学が創設されるなどキリスト教の重要拠点となったが、日本の天正遣欧使節の少年たちがエヴォラに立ち寄った際、この大聖堂のパイプオルガンを弾いたという。現在もそのパイプオルガンを見ることができる。

POINT

別名ローマ神殿とも呼ばれるディアナ神殿

時代を超えたローマ帝国時代の遺跡が共存

エヴォラの旧市街に古代ローマ帝国時代の遺跡・ディアナ神殿が、2000年の時を超えてその姿を見せている。現存するのは14本のコリント様式の柱や土台部分で、夜はライトアップされることにより柱頭彫刻の美しさも際立ち、より神秘的な姿を現す。皇帝アウグストゥスを祀るために1世紀ごろに建造され、2世紀から3世紀にかけて改築されたと伝えられている。月の女神ディアナが名前の由来。

1.旧市街地全体が世界遺産に認定され、その歴史と建造物の重要性が高く評価されたトレド

15 スペイン

トレド歴史地区

登録年・1986年 ｜ 分類・文化遺産 ｜ 登録基準・1、2、3、4

中世スペインの政治・文化の中心地

西ゴート王国の首都として宮廷やキリスト教の首座大司教座が置かれたトレドは、
その後支配者を変えつつも政治や文化の中心地として繁栄し続けた。
16世紀に首都がマドリードに移ったことで中世の街並みが保存され、
内戦を経てなお美しい景観と歴史的建築物が守られている。

スペインカトリックの総本山でスペインゴシックの最高傑作 トレド大聖堂

街の中心に聳えるトレド大聖堂。レコンキスタを積極的に進めたカスティーリャ王・フェルナンド3世の命により1226年に着工し、1493年に完成。ゴシック様式にムデハル様式等が取り入れられている。大司教座があるスペインカトリックの総本山

2.スペインで最も権威のあるトレド大聖堂

で、世界有数の大きさを誇る。ヨーロッパ中の巨匠を招聘し作らせたキリストの生涯を表す中央祭壇の衝立や、エル・グレコらの絵画を飾る聖具室、1492年にイベリア全土のレコンキスタを完了させたカスティーリャ女王・イサベル1世の王冠が納められた宝物殿など、見どころが非常に多い。

3.トレド大聖堂の内部 4.トレドで最も美しいといわれるサント・トメ教会の塔 5.エル・グレコの傑作「オルガス伯の埋葬」

サント・トメ教会で見られるエル・グレコの名画「オルガス伯の埋葬」

12世紀にアルフォンソ6世が建立したサント・トメ教会。ムデハル様式の美しい塔を擁する。この教会のために多額の遺産を遺したのがトレド出身のオルガス伯、ドン・ゴンサロ・ルイスだ。1312年にルイスが死去した際の伝説を題材に描かれたのが「オルガス伯の埋葬」で、エル・グレコの傑作と評される。降臨した聖ステパノと聖アウグスティヌス、ルイスとそれを見守る参列者が克明に描かれている。

三方を川に囲まれ狭く曲がりくねった道を散策する楽しさ

トレドの街は歴史的な建造物や博物館、美術館、迷路のような路地などが多数あり、散策を楽しめる街。旧市街地全体が世界遺産だ。

中世の家屋を再現したエル・グレコ美術館
photo by Portuguese eyes

POINT

エル・グレコの作品を集めた美術館

スペイン黄金期の16世紀から17世紀にかけてトレドで活躍したギリシャ人画家、エル・グレコ。現在もトレドにあるエル・グレコの傑作を見に、世界中から観光客が訪れている。ピカソやセザンヌなどにも強い影響を与えたエル・グレコの暮らしていた様子を再現し、台所、寝室、書斎、アトリエを復元。小さな美術館になり、観光客が訪れている。

16 スペイン

コルドバ歴史地区

登録年・1984年、拡張・1994年 ― 分類・文化遺産
登録基準・1、2、3、4

1. グアダルキビール川に架けられたローマ橋とメスキータ(聖マリア大聖堂)

後ウマイヤ朝の首都として繁栄した街

キリスト教、イスラム教、ユダヤ教の3つの宗教と文化が混合する独特な景観を今に残すコルドバ。時代ごとに異なる宗教と文化が栄えたことで、ハイブリッドな街並みが見られる。

イベリア半島の古代〜中世を象徴する街

カルタゴやローマの支配を経て6世紀に西ゴート王国の支配下に入ったコルドバ。711年、ウマイヤ朝の軍がイベリア半島に上陸すると西ゴート王国は滅亡し、その後生まれた後ウマイヤ朝がコルドバを首都として繁栄した。10世紀にはアッバース朝の首都バグダードやビザンツ帝国の首都コンスタンティノープルと並ぶ都市として最盛期を迎えた。

レコンキスタの一環で1236年にフェルナンド3世に征服され、街はキリスト教化されていく。紀元前1世

2. メスキータのミナレットと呼ばれる鐘楼
3. メスキータ内部には「円柱の森」と呼ばれるほど縞模様のアーチが続いている

2

3

紀のローマ橋やイスラム支配時代のモスク、レコンキスタ以降のキリスト教建築などが残る、イベリア半島に堆積する歴史を味わうことができる街だ。

4.キリスト教の王たちのアルカサルの庭園
5.コルドバからおよそ10kmの場所にある10世紀に築かれたスペイン最大の考古学的遺跡群

イスラムの大モスクが カトリックの大聖堂に

主要資産であるメスキータは、スペイン語でモスクの意味。後ウマイヤ朝の初代統治者アブド・アッラフマーン１世が建てたモスクで、たびたび拡張され、当時としては世界最大級の大モスクになった。礼拝の間の無数に続くアーチはイスラム建築ならではのものだが、古代ローマ時代の建築技術も参考にしたといわれる頑丈な造り。

レコンキスタ後は大聖堂として使用されるようになり、15世紀以降、もとの建物を活かしつつキリスト教の祭壇等が加えられていった。

レコンキスタ完了の証人 キリスト教徒の王たちの アルカサル（王城）

14世紀、アルフォンソ11世が建てた王族の居城。西ゴート王国時代の要塞跡にイスラムの王宮が造られ、さらにその王宮の跡地に建てられた。

アルカサルは居城以外の機能も持ってており、１４９１年にカトリック両王とグラナダ王国ムハンマド11世との間で結ばれた降伏協定はここアルカサルで調印された。また、同じくカトリック両王の時代には、異端審問を行う宗教裁判所としても利用されていた。

ユダヤ教徒の家が今も残る白壁の街並み

POINT

旧市街に残るユダヤ人居住区

キリスト教信仰を重要視する政策をとったカトリック両王の時代、それまで共存していた異教徒に対して厳しい措置が取られ、特にレコンキスタ完了後はユダヤ教徒には改宗か国外退去かが強いられた。メスキータ周辺に広がる迷路のように入り組んだ白壁の街並みは、当時姿を消したユダヤ教徒の家々がそのまま残され使われ続けているもの。居住区の西端にはシナゴーグが佇む。

17 スペイン

グラナダのアルハンブラ、ヘネラリーフェ、アルバイシン地区

登録年・1984年、拡張・1994年 ―分類・文化遺産― 登録基準・1、3、5

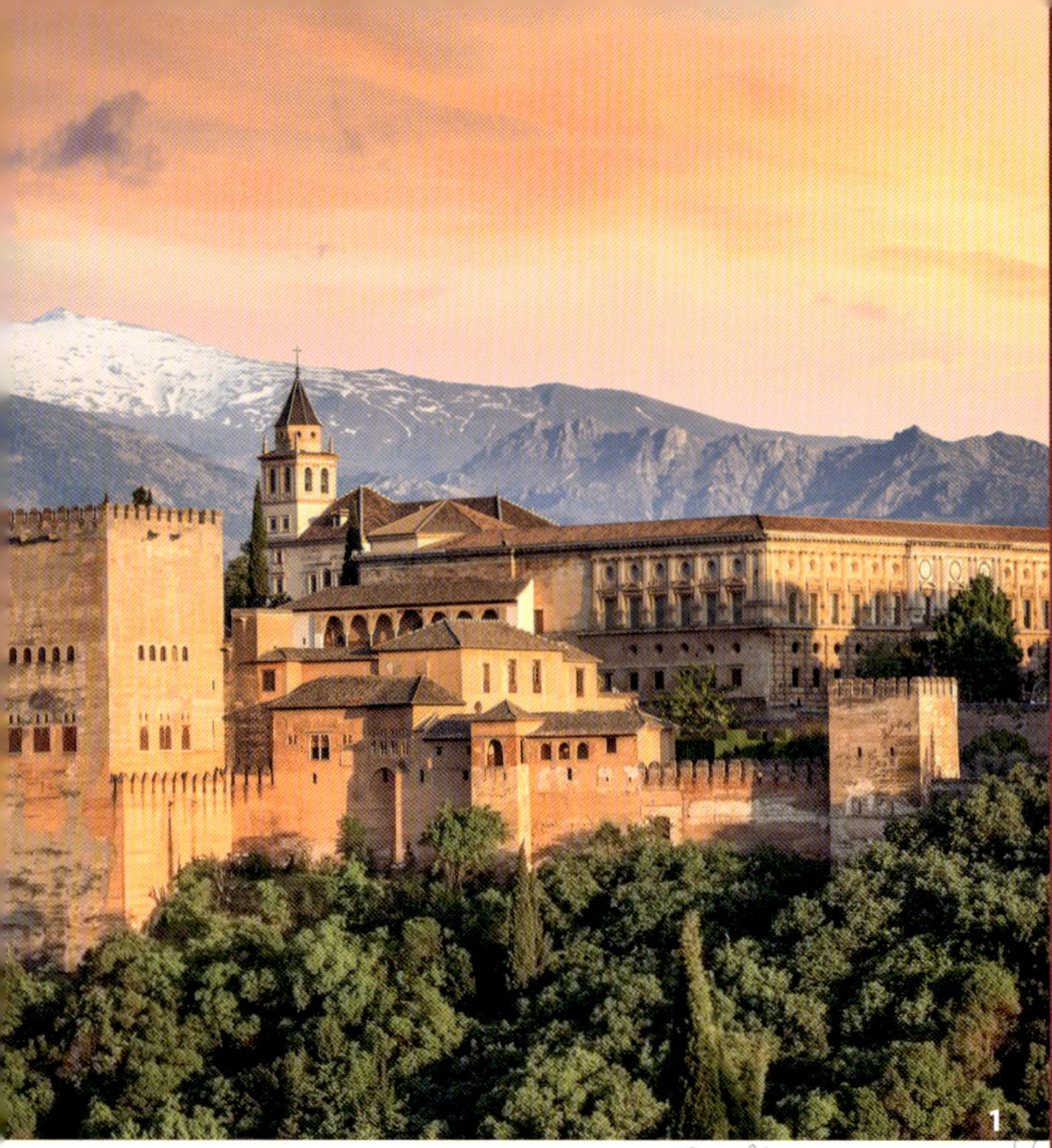

1.スペインを代表する世界遺産アルハンブラ宮殿

イベリア最後のイスラム王朝の栄華

711年のウマイヤ朝上陸から800年近くにわたりイスラム支配が続いたイベリア半島。1492年に滅亡した最後のイスラム王朝・ナスル朝の遺産がアルハンブラ宮殿だ。

最後の王朝にして豊かな国 ナスル朝グラナダ王国

キリスト教国によるレコンキスタが進むと、13世紀にはイベリア半島南部のアンダルシア地方、ナスル朝の領域が唯一のイスラム圏となっていた。初代国王のムハンマド1世は優れた外交手腕でカスティーリャ王国やイスラム諸王朝と関係を結びつつ、嗜好品の産出で経済を保ち、グラナダをイスラム教徒が集う学問や芸術の中心地にした。

グラナダはシエラネバダ山脈を背にした天然の要塞でもあり、アルハンブラ宮殿ももとは砦があった高台に城塞として造られたものだった。

2. アルハンブラ宮殿内部の飾り装飾の間
3.水路や噴水が設けられたヘネラリーフェの庭園

4.アルハンブラ宮殿から見たアルバイシン地区 5.アルバイシン地区の路地の建物は壁が白く塗られ、室内の暑さを和らげている

足を踏み入れれば異世界
イスラムの装飾美

スペインイスラム芸術の最高傑作であるアルハンブラ宮殿はムハンマド1世の着工以来歴代の王によって建設が進められ、完成したのは7代目の王の時代。内部は天井に彫り込まれた鍾乳飾りやアラベスク模様など、精緻なイスラム装飾の枠が結集されている。

王族のための避暑地
離宮ヘネラリーフェ

アルハンブラ宮殿からほど近くに14世紀に王族の避暑地として造られたヘネラリーフェがある。この離宮の魅力は庭園にあり、シエラネバダ山脈の雪解け水を利用し、噴水や水路を設け乾燥して暑くなるグラナダの夏を過ごしやすくするための工夫が見られる。また、ヘネラリーフェのある丘からグラナダの街を一望でき、眺望の良さも注目に値する。

細かい路地が迷路を思わせる
かつてのムーア人居住区

アルハンブラ宮殿やヘネラリーフェのある高台とダロ川を挟んだ対岸に、かつてのムーア人居住区であるアルバイシン地区の古い街並みが広がる。ムーア人は北アフリカ出身のムスリムで、レコンキスタ完了後に改宗令が出されこの地を後にする者が多かったが、地区の都市計画や多くの建物は破壊されることなく保存された。モスクが転用された教会やムデハル様式の教会などが建ち、イスラムとキリスト教の文化が共存する。

POINT

アルハンブラ宮殿のライオンの中庭

12頭のライオンが時を告げる

ナスル宮、メスアール宮、コマーレス宮などがあるアルハンブラ宮殿の中でも有名なのが、王の居住空間として造られたライオン宮。中庭の中心に12頭のライオン像が外側を向いてぐるりと並び、口から水を出して時を告げる水時計の役割を果たす。王以外の男子禁制であったといい、アルハンブラで最も美しい場所と伝えられている。

18 スペイン アラゴンのムデハル様式の建築物

登録年・1986年、拡張・2001年 — 分類・文化遺産 — 登録基準・4

1.アラゴン州テルエルの街並み

イスラム建築が融合した建築様式

スペイン北東部アラゴン州にある、イスラム文化の影響を取り入れた中世スペインの建築様式であるムデハル様式。独特の存在感を見せる建築物が世界文化遺産になっている。

スペイン随一のムデハル様式 サンタ・マリア・デ・メディアビーリャ大聖堂

イスラム文化の意匠や工法を用いたキリスト教の建築様式で、中世スペインならではのムデハル様式。アラゴン州のテルエルとその周辺にある10件の建物が世界遺産に登録された。そのなかのサンタ・マリア・デ・メディアビーリャ大聖堂は、12世紀にアラゴン国王アルフォンソ2世により建てられ、後にゴシック・ムデハル様式に改築されたもの。聖堂内部の異国情緒あふれる極彩色の格子天

2. サンタ・マリア・デ・メディアビーリャ大聖堂のドーム

井や、13世紀に完成したアラゴン最古のムデハル様式とされる塔などが興味深い。

美しきムデハル様式の教会の塔

14世紀に造られたと伝えられるサン・マルティン教会の塔。保存状態の良さも相まってテルエルで最も美しいムデハル様式の塔といわれている。ロマネスク様式の特徴でもある細い窓と、彩色タイルとレンガを組み合わせた装飾が特徴的。こうした塔はモスクに設けられたミナレットと呼ばれる塔が原型とされており、なかにはキリスト教徒が建築に用いていく過程で鐘が提げられ鐘楼に変化したものもある。

イスラム宮殿もムデハル様式で改修

アラゴン州の州都サラゴサにあるアルハフェリア宮殿は11世紀に建てられたイスラム式の建物だったが、1118年にアルフォンソ1世がサラゴサを手にするとアラゴン王国の宮殿として整備した。その後にムデハル様式で改修が行われ、現在の姿になっている。

3.サン・マルティン教会 4.サン・マルティン教会の塔と似たエル・サルバドル教会の塔

POINT

アラビア語で「残留者」を意味するムデハル

アルハフェリア宮殿のムデハル様式の内部

ムデハルはアラビア語で「残留者」を意味し、中世には「服従を受け入れた者」という意味もあったという。レコンキスタを進める中で、キリスト教諸国は占領した地でムスリムを完全には排除しない政策をとった。そうした接触の結果として、イスラムの文化やイスラム世界が得ていた古代ギリシャの古典などがもたらされ、スペインひいてはヨーロッパに影響を与えていった。建築様式もそうした文化のうちの一つといえる。

19 スペイン

セビリアの大聖堂、アルカサルとインディアス古文書館

登録年・1987年｜分類・文化遺産｜登録基準・1、2、3、6

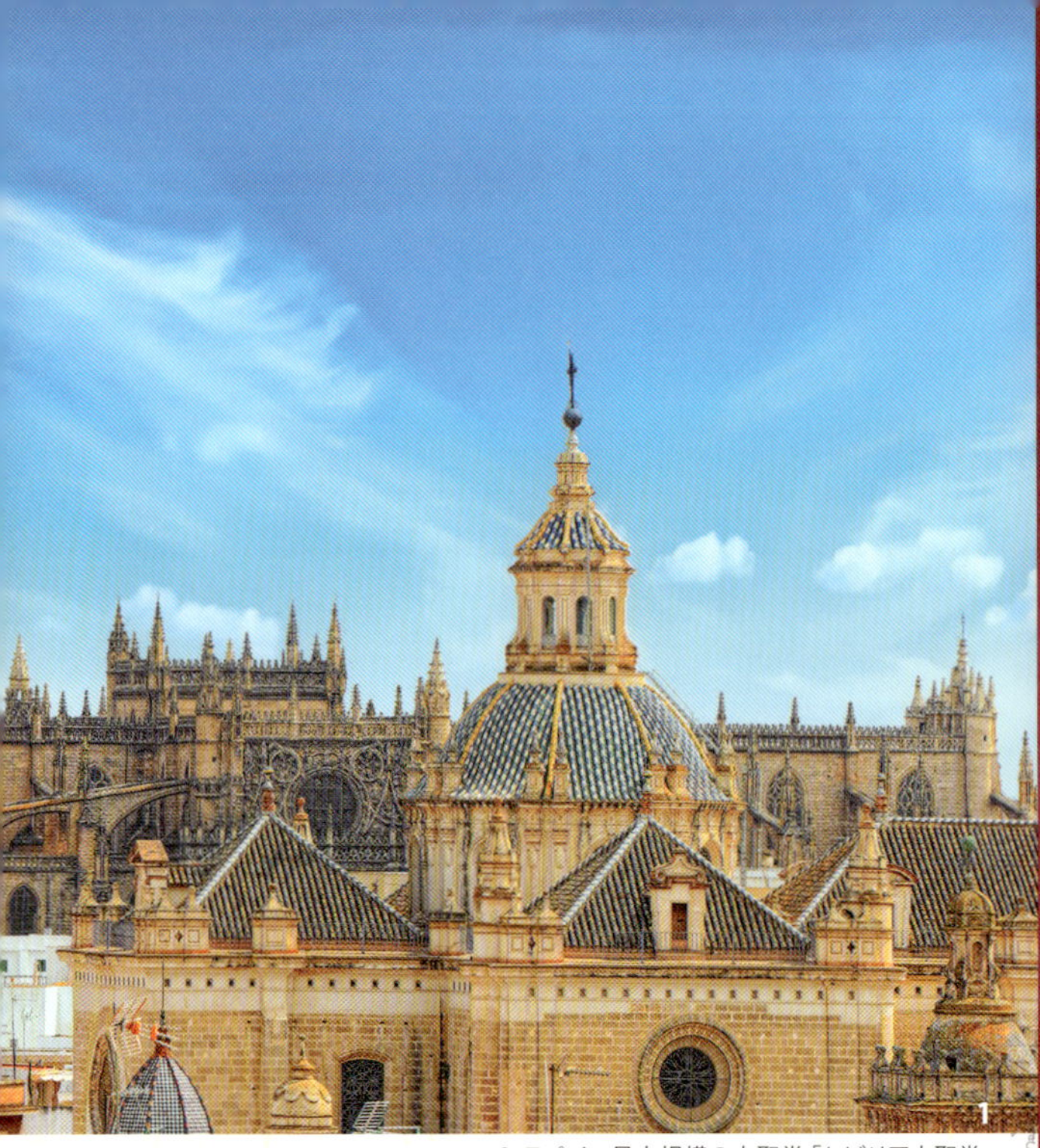

1. スペイン最大規模の大聖堂「セビリア大聖堂」

「太陽の沈まぬ国」の最大都市

ナスル朝滅亡と同年、コロンブスが新世界へ出航。スペイン王国は大航海時代とともに黄金期を迎えた。
その最大都市かつ主要港・セビリアの街では、
中世から抜け出そうとする国の勢いを感じられる。

スペイン最大規模の大聖堂 セビリア大聖堂

バチカンのサン・ピエトロ、ロンドンのセントポールに次ぎ世界第3位の大きさといわれるセビリア大聖堂。ゴシック様式が主体の寺院としては世界最大だ。イスラム支配時代に中心都市だったセビリアはカスティーリャ王・フェルナンド3世により1248年に征服され、もともとあった大モスクが教会に転用された。その後15世紀初頭から改修され、100年以上かけ概ね現在の大聖堂が完成。様々な様式が混在する壮麗で圧巻の堂内には、コロンブスのものとされる棺が安置してある。

2. セビリア大聖堂のクワイヤ(聖歌隊席)

セビリアの街を一望できるヒラルダの塔

礼拝時間を告げる塔（ミナレット）として12世紀末に大モスクに併設され、16世紀になって大聖堂の鐘楼として改修されたヒラルダの塔。最上段には風見（ヒラルダ）が飾られている。上まで登ることができ、セビリアの街が一望できる。

3. ヒラルダの塔から見たセビリア大聖堂 **4.** アルカサルのペドロ1世宮殿と水路や花壇が美しい「乙女のパティオ」 **5.** さまざまな王の好みで増改築が繰り返されたアルカサル

歴代の王たちの憩いの宮殿 セビリアのアルカサル

スペインの各所に点在するアルカサルと呼ばれる城は、アラビア語で城砦を意味する「アル・クサル」が由来。セビリアのアルカサルは、中世からのイスラム支配時代の要塞を13～16世紀のキリスト教国王たちが各々の好みで改修し利用した住居で、セビリアの街の一角を占める広大な敷地に様々な建物群と庭園が造られている。特に1350年に即位したカスティーリャ王・ペドロ1世の宮殿は、当時はアルハンブラ宮殿が完成する前後だが、このアルハンブラ宮殿を意識したといわれ、イスラム建築の職人に作らせたムデハル様式の意匠が美しい。ゴシックやルネサンス様式、時代を下ると新古典主義様式も混在し、あらゆる年代の建築が凝縮されている。

POINT

コロンブスの航海日記が収められた図書館

16世紀に最も優れた建築家として知られたフアン・デ・エレーラにより設計されたセビリアの旧商品取引所を利用しているインディアス公文書館。スペイン・ルネサンス建築を代表する建築物として知られ、コロンブス直筆の航海日記や新大陸発見や征服時の史料、マゼランやエルナン・コルテス（メキシコ征服者）の自筆文書など、スペイン史の重大な出来事と関連する史料が数多く見られる。

スペイン・ルネサンス建築の傑作ともいわれるインディアス公文書館

1.広場の手前から見上げたサンティアゴ・デ・コンポステーラ大聖堂 photo by Jose Luis Cernadas Iglesias

20 スペイン

サンティアゴ・デ・コンポステーラ(旧市街)

登録年・1985年 — 分類・文化遺産 — 登録基準・1・2・6

聖ヤコブが眠るキリスト教徒の憧れの地

十二使徒・聖ヤコブのスペイン語名である「サンティアゴ」を冠した街。
エルサレムとローマに並ぶキリスト教の三大聖地であり、
中世、多くの教会や修道院が建設された。
世界各地からの巡礼者がこの街を目指す。

栄光が待ち構える サンティアゴ・デ・コンポステーラ大聖堂

聖ヤコブを祀った大聖堂。9世紀創建の礼拝堂は10世紀末にイスラム教徒の襲撃によって破壊されており、現存するのは1075年から136年かけて再建されたもの。レコンキスタで活躍したカスティーリャ＝レオン王国の王アルフォンソ6世がそれを指示した。当初はロマネスク様式だったが後にゴシック様式、バロック様式などで増改築されている。12世紀の名工マテオが20年かけて彫刻した「栄光の門」が今も多くの巡礼者たちを迎え入れている。

2.正面から見たサンティアゴ・デ・コンポステーラ大聖堂 photo by stephenD

3.マサレロスの門。壁は19世紀までに全てなくなっている photo by Enrique Íñiguez Rodríguez 4.サン・フェリクス・ソロビオ教会の門の上の彫刻photo by Luis Miguel Bugallo Sánchez 5.サン・パイオ・デ・アンテアルターレス修道院 photo by Graeme Churchard

城塞都市の面影を残す マサレロスの門

サンティアゴのあるガリシア地方はレコンキスタの後衛拠点とされ、サンティアゴにも城壁が築かれていた。10世紀末に壊された後に再建した記録があり、現在は城壁は失われたが、再建された当時の門のうち現存するのがマサレロスの門。中世、南方からサンティアゴに入るには必通の門であった。

巡礼路も世界遺産に

この街に向かう巡礼路はヨーロッパ各地に張り巡らされており、そのうちフランスの巡礼路の一部と、スペイン国内の巡礼路のうち「フランスの道」「アラゴンの道」がそれぞれ世界遺産に登録されている。道中の数々の教会や修道院、巡礼者の救護にあたった施療院などの歴史的建造物も遺産に指定されており、中世の巡礼者と信仰に思いを馳せる旅路になっている。

旧市街最古のサン・パイオ・デ・アンテアルターレス修道院

大聖堂の正面キンタナ広場に隣接する旧市街で最も古い修道院。もともとは9世紀、イベリア半島を治めたアストゥリアス王アルフォンソ2世が聖ヤコブの遺骨を守る目的で造ったという。現在の建物は17世紀以降に再現されたものだが、その偉容には信徒の変わらぬ敬虔さがうかがえる。

カリクストゥス写本（12世紀の巡礼手引書）に描かれた聖ヤコブ。白馬で降臨しイスラム教徒を圧倒したという伝説がある

大聖堂の地下礼拝堂にある聖ヤコブの聖骨箱

POINT

聖地巡礼がヨーロッパの発展に貢献

言い伝えによると9世紀、不思議な星の光に導かれた修道士が聖ヤコブの墓をこの地で見つけた。その知らせを聞きつけたキリスト教徒により巡礼が始まり、徐々に規模が拡大。道、橋、療養所などが整備されていくとさらに巡礼者は増え、12世紀には年間50万人が訪れたという。各地から集まった巡礼者は互いに政治や経済、芸術について知識を交換、それぞれ異文化を持ち帰ることで中世ヨーロッパの発展に貢献した。

1. 大モスク「ウル・ジャーミィ」とブルサの街並み

21 トルコ

オスマン帝国発祥の地 ブルサとジュマルクズク

登録年・2014年 ─ 分類・文化遺産 ─ 登録基準・1、2、4、6

オスマン帝国の歴史を伝えるふたつの街

13世紀末から600年以上にわたり広大な地域を支配し、
中世以降のヨーロッパの脅威となったオスマン帝国。
ブルサとジュマルクズクは帝国の歴史上重要な役割を持った街で、
初期オスマン帝国の建物が残されている。

帝国最初の首都ブルサ

ビザンツ帝国の主要都市だったブルサは、1326年にオスマン帝国の創建者オスマン1世によって攻略され、2代目君主オルハンの時代に首都となり政治の中心地として栄えた。首都として機能した期間は数十年だが、オスマン帝国のバルカン半島進出の足掛かりとなった重要都市であり、歴代君主が建てたモスクや霊廟が多く残る古都だ。

　また、商業都市でもあったブルサはビザンツ帝国時代から養蚕と絹

2. ジュマルクズクの日干しレンガを使った家々
photo by Darwinek

織物が盛んで、ブルサ産の織物は交易によりヨーロッパ各地へ輸出された。

帝国初期の大モスク ウル・ジャーミィ

14世紀末から15世紀初めにかけて第4代君主バヤズィト1世によって作られた、セルジューク様式と呼ばれる建築様式の大モスク。20個のドームを持ち、中心のドームから取り入れられた光が堂内を照らす。内部には壮麗なカリグラフィーが至る所にあしらわれている。

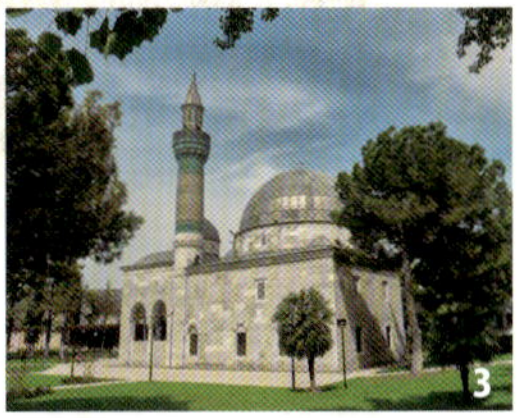

3.緑のモスクと呼ばれる「イェシル・ジャーミィ」 4.ドームのある八角形の霊廟「イェシル・テュルベ」

鮮やかな緑色が美しい モスクと霊廟

ブルサ中心部に近いイェシル地区にある、イェシル・ジャーミィ（緑のモスク）とイェシル・テュルベ（緑の霊廟）。向かい合って建てられた二つの建物はどちらも藍色やターコイズブルーの美しいタイルで彩られ、心静まる神聖な空気に包まれている。1424年に第5代君主メフメト1世によって建てられ、オスマン帝国初期のモスク建築の傑作と言われている。

伝統的な家並みの街 ジュマルクズク

ブルサが帝国初期の都市である一方、ブルサから約10㎞離れたジュマルクズクは帝国初期の農村地域のモデルが保存されたエリアとされる。14世紀からの伝統的な家屋が住居として使われており、長閑ながらも歴史を感じさせる家並みと石畳の道が続く。

POINT

「ウル・ジャーミィ」の内部には190を超えるカリグラフィー作品が装飾されている

「アラビア書道」とも呼ばれるカリグラフィー

モスクにはアラビア文字でコーランの言葉などを表したカリグラフィーが掲げられている。また、建物の内外に目を凝らすと、文字が装飾として使われていることに気づくだろう。偶像崇拝が禁じられているために人や動物を描くことができないという事情から、代わりにこうした文字や幾何学模様の装飾が発達し、イスラム建築を美しく彩っている。

1.かつてキプロス王家のものだったペレンドリ村の聖十字架聖堂

22 キプロス

トロードス地方の壁画聖堂群

登録年・1985年、拡張・2001年 ― 分類・文化遺産 ― 登録基準・2、3、4

壁画聖堂群の美しいフレスコ画

自然豊かな島キプロスは地中海の東端に位置し、
古代からの要衝として長い歴史を持つ。
島の中央に走るトロードス山脈には聖堂や修道院が点在し、
そのうち中世に建てられた10の建物が世界遺産に登録された。

トロードス地方の壁画聖堂群

めまぐるしく変わるキプロスの支配者

アナトリア・シリア・エジプトに三方を囲まれたキプロス島は、古代から様々な国に支配されてきた。ビザンツ帝国領となり正教会を国教とする期間が長かったが、たびたびイスラム教徒の侵入を受け、12世紀末に十字軍遠征で訪れたイングランド王リチャード1世に占領された後はテンプル騎士団の本拠地となった。

その後フランス出身の元イスラエル王によるキプロス王国の建国、ヴェネツィアの統治などを経験し、ヨーロッパの影響を受ける。壁画聖堂群

2. 蝋燭の聖イオアン修道院にあるキリストの磔刑への道を示すフレスコ画

はビザンツ帝国時代に建てられ始めたもので、建設期間は11世紀から16世紀にわたり、壁画は主流のビザンツ様式に加えて様々な芸術様式の影響が見受けられる。

ビザンツ様式を基本とする極彩色の壁画

3.屋根の聖ニコラオス聖堂のフレスコ画
4.ラグデラ村にある木造聖堂・豆の生神女聖堂にあるフレスコ画

海からやってくる侵略者を避けるためか、聖堂はオリンポス山を中心とするトロードス山脈の山間に建設された。キプロス特有の素朴な石造りでいずれも小規模な外観のものが多いが、内部には高度に洗練された美しい壁画が一面に描かれギャップが際立つ。

特に注目されるのは「屋根の聖ニコラオス聖堂」「蠟燭の聖イオアン修道院」に施された壁画で、トロードス地方の壁画の中でも最も古い11世紀頃の作品となっている。

中世の面影を残すトロードス地方の山村

聖堂群以外にも、トロードスには中世の雰囲気を感じさせる村がある。聖ニコラオス聖堂近郊のカコペトゥリアにある保護区には、石畳の道に伝統的なデザインの民家が並ぶ。深い信仰を持ちながら連綿と暮らした人々の生活が垣間見える。

POINT

ビザンツ美術の宝庫「屋根の聖ニコラオス聖堂」

屋根の聖ニコラオス聖堂
photo by Ko Hon Chiu Vincent

柿葺きの切妻屋根が特徴的だったことから「屋根の聖ニコラオス聖堂」と呼ばれる。こぢんまりした素朴な石造りの建物に一歩入ると、内部は壁から天井に至るまで様々な年代に描かれた壁画で埋め尽くされている。古いものでは11世紀頃のビザンツ帝国コムネノス王朝に描かれた作品が保存されており、ビザンツ美術の貴重な宝庫となっている。

1.現代のディオクレティアヌス宮殿

23 クロアチア

スプリットの史跡群とディオクレティアヌス宮殿

登録年・1979年｜分類・文化遺産｜登録基準・2、3、4

ローマ時代の宮殿跡に築かれた街

アドリア海沿岸に位置するスプリットはクロアチア第二の都市。
15世紀以降、恵まれた地理条件から経済が発展し、クロアチアの文化発展にも貢献した。
皇帝ディオクレティアヌスが築いた宮殿をベースに多様な時代の
建物が入り混じる旧市街は、不思議で魅力的な風景となっている。

2.ディオクレティアヌス宮殿を中心に広がる街
photo by Ballota

千年超えの歴史を纏ったディオクレティアヌス宮殿

ローマ皇帝ディオクレティアヌスが3世紀末～4世紀初頭に建造した宮殿。中心にペリスティル広場があり、東西南北4つの門につながっている。一時荒廃したが、7世紀に他民族の侵攻を受け近郊の都市から逃れてきた人々が、宮殿跡に住居を造って以来、いくつもの建築様式が混在する独特な街並みが築かれてきた。

内部装飾が荘厳な聖ドムニウス大聖堂

ペリスティル広場の東にあるもとは

クロアチア

3. 聖ドムニウス大聖堂 4. 鐘楼から海側を見た景色 5. 下から見上げた鐘楼 6. ディオクレティアヌス宮殿の地下 photo by Alecconnell

ディオクレティアヌス帝の霊廟。7世紀以降改装が重ねられ、スプリットの守護聖人ドムニウスを祀る大聖堂となった。八角形の質素な外観だが内部はロマネスク・バロック・ゴシック装飾で華やか。

不思議な街を一望 大聖堂に隣接する鐘楼

この街で一際目立つ高さ約60mの鐘楼は、中世に建てられたロマネスク様式のもの。200段近い階段を登った上からは、古代と中世の趣きが入り混じる風景をぐるりと見渡せる。

中世に廃墟化していた 宮殿の地下室

宮殿南の地下空間は、かつて食料庫やワイン蔵として利用された場所。住人の増加にともない一時はゴミ捨て場とされ廃墟と化したが、1950年代に発掘・再整備された。現在は土産屋などが入り観光客を楽しませている。

イタリアの雰囲気漂う建物

POINT

イタリアの香も漂う

スプリットの中世は近隣諸国による征服の繰り返しだったが、その中にあってヴェネツィア共和国による支配は長く15〜18世紀におよんだ。このためところどころでルネサンス様式やバロック様式などイタリアを起源とする特徴的な様式美を見て取ることができる。

24 クロアチア

ドブロブニク旧市街

登録年・1979年、拡張・1994年、範囲変更・2018年

分類・文化遺産 ― 登録基準・1、3、4

1. 城壁が囲むドブロブニク旧市街 photo by Bracodbk

堅固な城壁に守られた「アドリア海の真珠」

ドブロブニクはクロアチア南部の港町。ビザンツ帝国やハンガリー帝国、ヴェネツィア共和国などを宗主国としながら自治都市として共和制を維持し、1358年に独立した。海洋貿易で15〜16世紀に栄え、ヴェネツィアと並ぶ都市国家となった。

旧市街への表玄関 聖ブラホが見守るピレ門

旧市街の西にある最も大きな城門。観光客のメインの入り口となっており、門の上からはドブロブニクの守護聖人・聖ブラホの像が見守る。かつては日没とともに木製の跳ね橋が上げられ街を守ったという。

2. ピレ門

3.プラツァ通り 4.オノフリオの大噴水 5.フランシスコ会修道院

噴水やショップで賑わう石畳のプラツァ通り

ピレ門からルジャ広場まで続くメインストリート。通り沿いにレストランやカフェが立ち並び活気がある。ピレ門から入ってすぐ右手にあるオノフリオの大噴水は、15世紀に作られたもの。ドブロブニクには川がないため遠く離れた場所から水を引いており、貴重な水源として重宝されてきた。

クロアチア最古の薬局があるフランシスコ会修道院

内部にはクロアチア最古・ヨーロッパでも3番目に古い薬局があり、現在も営業している。博物館でもあり、大量の薬壺や手書きの処方箋など貴重な資料が展示されている。1667年の大地震後に再建されているものの、中庭の回廊は被害が少なく14世紀当時のまま残されている。

ドブロブニク旧市街の美しい街並み

ジョージ・バーナード・ショー
（1856年-1950年）
文学者・劇作家・評論家。代表作は、ミュージカル『マイ・フェア・レディ』の原作となった戯曲『ピグマリオン』（1913年）。

POINT

バーナード・ショーも感銘を受けた絶景

紺碧のアドリア海と白い城壁、オレンジ色の屋根の街並み。ドブロブニクの美しさは今も昔も多くの人を魅了している。この地を訪れた劇作家、ジョージ・バーナード・ショーは「この世の天国を見たいなら、ドブロブニクに行かれよ」との言葉を残した。

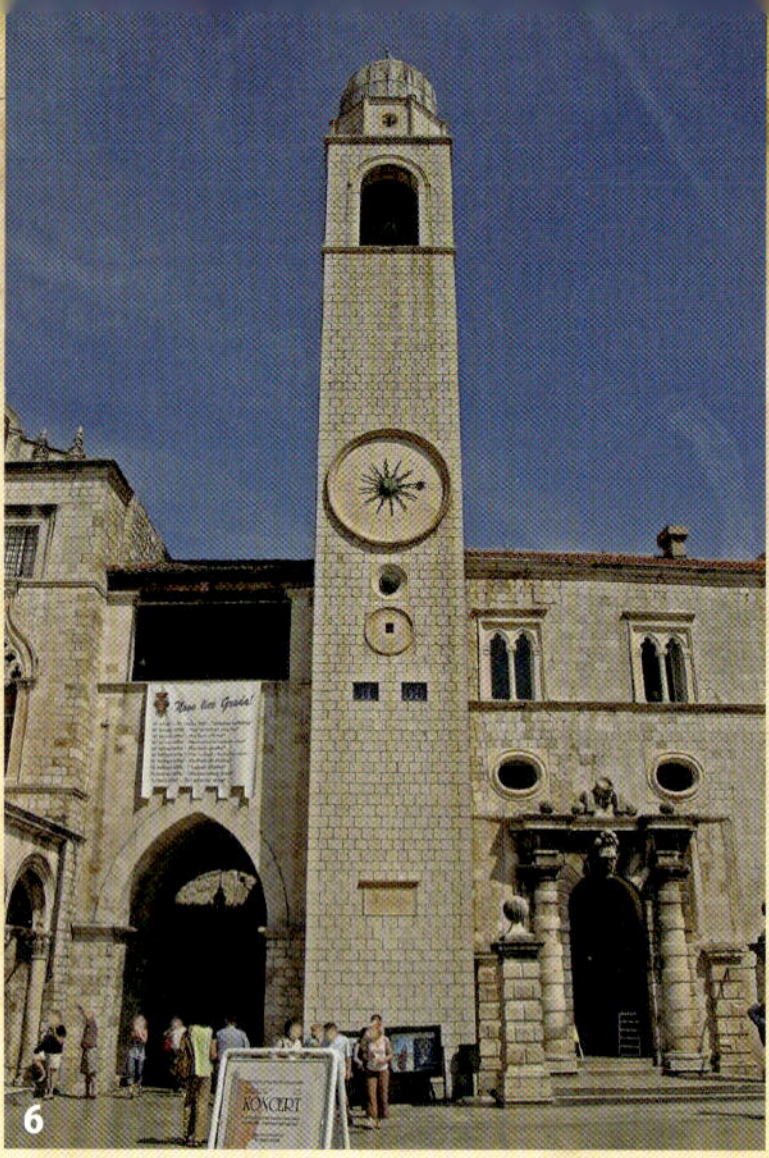

6.ルジャ広場の時計塔

鐘の音が響き渡る ルジャ広場

広場周辺には宮殿や大聖堂といった歴史的建造物や、高さ30mを超える時計塔がある。中央には中世のシャルルマーニュ伝説の聖騎士・ローランの彫像があり、自由の象徴として愛されている。

街の栄華の時代を伝える 聖母被昇天大聖堂

ルジャ広場の南にある大聖堂。祭壇奥にはティツィアーノの絵画『聖母被昇天』がある。もとは12世紀ごろイングランド王が建造したといわれているが、大地震後にバロック様式で改修された。街が貿易で栄えたころを思わせる宝物室も見もの。

街の精神が刻まれた ロブリイェナツ要塞

要塞の入り口には「いかなる黄金をもってしても自由を売り渡してはならない」との言葉が刻まれている。ナポレオンの侵攻で共和制が廃止される１８０６年まで自治都市として栄えたドブロブニクの、誇り高い精神が伺える。

海洋博物館のある 聖イヴァン要塞

旧市街の東にあり旧港が見渡せる。14世紀に建てられ、その後数世紀にわたって改築されながら街と港を守ってきた。現在内部は海洋博物館となっており、ドブロブニクの地中海貿易での発展の歴史などを知ることができる。

7.ルジャ広場のローラン像 8.スポンザ宮殿の装飾 9.スポンザ宮殿

クロアチア

10.ロブリイェナツ要塞 **11.**聖イヴァン要塞（海洋博物館）**12.**聖ヨハネ要塞と旧港 **13.**ドブロブニク旧市街の路地 **14.**城壁の遊歩道 **15.**スルジ山から見る旧市街

10

14

11

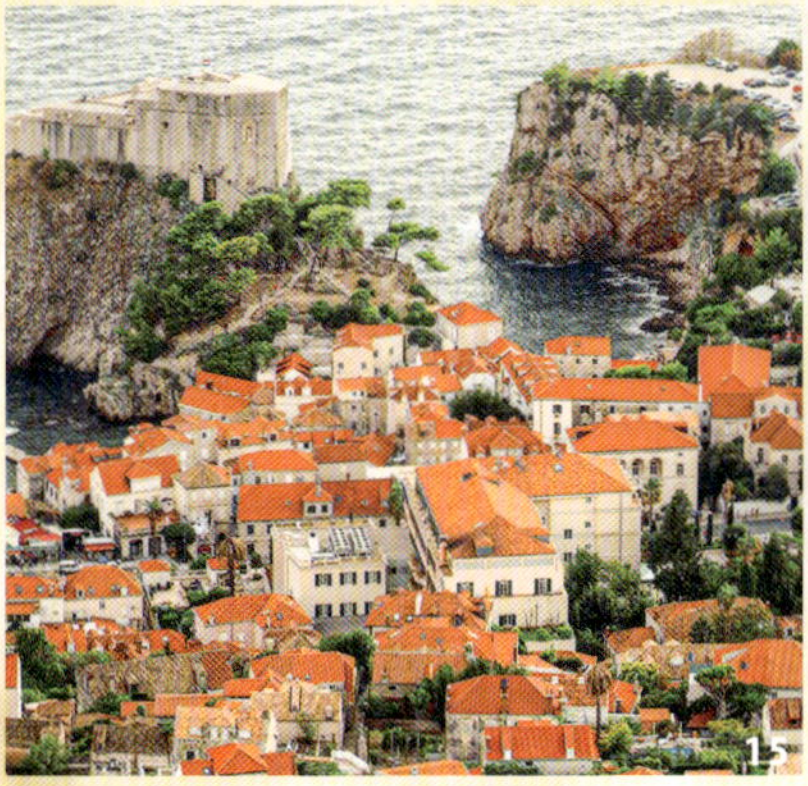
15

13

12

絵本のような
オレンジ屋根の家

城壁の遊歩道を散策 オレンジ色の屋根が間近に

街を囲む城壁の上部は遊歩道で、散策可能。オレンジ色の屋根が並ぶ童話のような風景を楽しむことができる。遊歩道の全長は1,940m、高さは最高25mに及ぶ。

POINT

ドブロブニク旧市街の路地

中世に迷い込んだかのよう 路地散策もおすすめ

ドブロブニク旧市街は、細い路地も見ごたえがある。石畳の階段が長く続き、その脇には多くの土産物屋や民家が立ち並ぶ。気の向くままに散策するのも楽しい。

25 モンテネグロ

コトルの自然と文化・歴史地区

登録年・1979年、範囲変更・2012年、2015年 ー 分類・文化遺産 ー 登録基準・1、2、3、4

1.塔の上に十字を掲げる救世聖母教会

山と城壁に守られ栄えた湾岸都市

アドリア海に面し天然の良港に恵まれた街コトルは古代ローマの時代から多くの交易船が行き交い賑わった。ヴェネツィア共和国の支配下で最も繁栄した中世の教会や宮殿が今も姿をとどめている。

2.聖トリプン大聖堂 photo by Geotiger18 3.聖トリプン大聖堂の内部 photo by Christine McIntosh

モンテネグロ

4.コトル市街 photo by Einer flog zu Weit 5.コトルの通り photo by Jason Rogers

コトルの歴史を物語る聖トリプン大聖堂

コトルの守護聖人トリプンを祀るローマ・カトリック教会の一つで12世紀にロマネスク様式で建てられた。外観は保存状態が良く、後に付け加えられた入り口の双塔以外はほぼ当時のまま残されている。内部で中世の作といわれるフレスコ画や主祭壇など貴重な歴史資料が見られる。

地域の願いが宿る教会群

中世の雰囲気をうかがわせる小さな教会群もコトルの見どころの一つ。聖イヴァン要塞へ登る山の中腹に建つ救世聖母教会は当時流行したペストの収束を願い多くの市民が祈りを捧げたという。ほかに12世紀に建てられたロマネスク・ビザンツ様式のセルビア正教会や聖ルカ教会がある。

遺産の街を結ぶコトルの石畳

コトルを取り囲む城壁から中へ足を踏み入れると、石畳の道が延びる。その先にコトルで最も大きな広場があり、カフェや土産物店がある。陽気な風土を感じさせる色鮮やかなアクセサリー類が観光客に人気という。

城壁から望むコトル港
photo by Pudelek

POINT

城壁から楽しむ街と海の絶景パノラマ

前方はアドリア海の深い入り江、後方は標高1000mを超える険しい山、まさに天然の砦を擁するコトルだが、ヴェネツィア共和国がこの地を支配下に置くと、当時脅威を感じていたオスマン帝国の侵入を防ぐ目的でさらに総延長4.5kmに及ぶ城壁を築き上げた。海抜260m、その山頂に建つ要塞から、コトルの街並みと海の絶景を一望できる。

1.モスタル旧市街古橋地区 photo by Jocelyn Erskine-Kellie

26 ボスニア・ヘルツェゴビナ

モスタル旧市街古橋地区

登録年・2005年 ― 分類・文化遺産 ― 登録基準・6

多様な民族・文化が共存する石橋の街

バルカン半島の西にあるボスニア・ヘルツェゴビナは
多様な民族・文化が交錯してきた国。
橋をランドマークとする古都モスタルには
その複雑な歴史を背景とする独特の雰囲気が漂う。

平和のシンボル スターリ・モスト

ネレトヴァ川をまたぐ橋スターリ・モストは1566年、オスマン帝国の支配下時代に造られた。それ以前に吊り橋があったが、バルカン半島における交通の要衝として街が発展するのに伴い、堅牢な石橋が必要とされた。1990年代、独立に向けた紛争によってオリジナルは破壊されたが、紛争終結後、各国の協力のもと初期の技法に基づき再建されており、以

2.再建されたスターリ・・モスト

3.橋の東側に建つモスク 4.モスタルの土産店

降は平和のシンボルの役割も果たしている。

2つの塔を持つ 芸術性の高い橋

スターリ・モストは全長約30m。中央部が少し尖り、東端にヘビレヤの塔、西端にタラの塔、2つの監視塔を構える。独自のデザインが施されたこの橋を鑑賞するには近くにあるモスク、コスキ・メフメット・パシナ・ジャミーヤを訪れるのがいい。小さなモスクに入り上までのぼるとユニークな橋の全体像を見渡せる。

東の旧市街、西の新市街 紆余曲折の歴史を知る

橋の両側を訪れると、モスタルが複雑な歴史をたどってきたことがわかる。いずれも中世の薫りを残す石造りの家並みが広がっているが、西側はクロアチア人が多く、キリスト教会やカフェなど西欧風建物が目立ち、一方の東側はイスラム教徒が多く街はトルコ風。多様な民族・文化が現在進行形で共存している。

橋の上からの飛び込み photo by Sven Wolter, Lizenz

POINT

夏の風物詩 橋の上からの飛び込み

この地域では地元の若者たちが橋の上からネレトヴァ川に飛び込むのが夏の名物イベントとなっている。最も高い地点で水面から約24m。数百年前から開催されているといわれ、近年では観光客にも広く知られている。

27

コソヴォ・セルビア

コソヴォの中世建造物群

登録年・2004年、拡張・2006年 ― 分類・文化遺産

登録基準・2、3、4 ― 危機遺産（2006年～）

1.コソヴォの街並み

厳かなビザンツ様式の建築群

中世セルビア王国の中心地として栄えた時代の建造物群には
西のロマネスク様式が東のビザンツ様式に反映されている。
それはこの地域に長く、複数の民族・文化が共存してきたことを物語っている。

中世バルカン半島で最大級デチャニ修道院

14世紀にセルビア王のために建てられたビザンツ・ロマネスク様式のデチャニ修道院は中世、バルカン半島では最大級を誇った。外観の美しさもさることながら、内部の「十字架を担ぐハリストス（キリスト）」など最高峰とも謳われる美術作品も見事。現存最大のフレスコ画ほか、14～17世紀に作られた数々の聖像が展示されている。

戴冠式の舞台となったペーチ総主教修道院

創立年は明らかではないが、13世紀中頃に大主教座がここに移ると注目

2.デチャニ修道院のフレスコ画
イコン 十字架を担ぐハリストス

3.ペーチ総主教修道院 photo by Michael Tyler 4.リェヴィシャの生神女教会 photo by Balkan 5.グラチャニツァ修道院 photo by Quinn Dombrowski

されるようになり、14世紀には総主教庁から独立、総主教座に格上げとなった。多くの人に愛された修道院で、セルビア国王の戴冠式など大きなセレモニーの舞台にもなったという。

中世の聖教徒を見守ったリェヴィシャ生神女教会

コソヴォの南プリズレンにあるセルビア正教会。グラチャニツァ修道院と同じくセルビア王ステファン・ウロシュ2世ミルティンによって建てられた。2004年のコソヴォ暴動で損傷を受け、中に入れないが、かつて内部は見事なフレスコ画で装飾されていたという。

中世修道院生活を知るグラチャニツァ修道院

コソヴォ中部グラチャニツァに14世紀、ステファン・ウロシュ2世ミルティンが建てた修道院で、後期ビザンツ建築の傑作とされる。内部に描かれたフレスコ画は秀作ぞろいで、聖書・聖人に関するものや、王家の家系、修道僧の日常を題材としたものなどが見もの。当時この地域の芸術水準の高さがうかがえる。

セルビアとコソヴォの位置関係

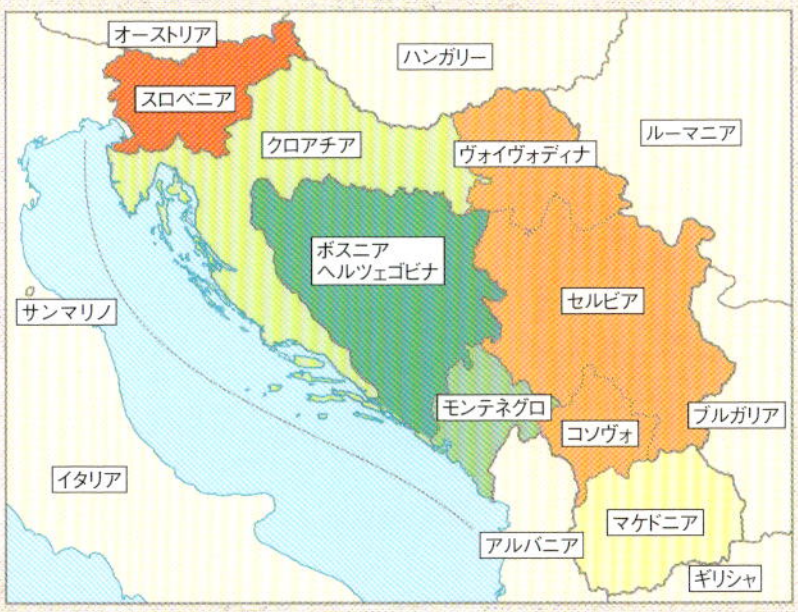

POINT

過去の独立紛争の影響で危機遺産にも登録

「コソヴォの中世建造物群」は、セルビア共和国から2008年に独立を宣言したコソヴォ共和国内にあるが、同国は世界遺産条約締約国となっていないことから、世界遺産リストにはセルビア共和国として記載されている。同国の政情不安により2006年には「危機にさらされている世界遺産」リストにも登録されている。

28 北マケドニア

オフリド地域の自然・文化遺産

登録年・1979年、拡張・1980年、2019年、範囲変更・2009年
分類・複合遺産 ― 登録基準・1、3、4、7

1. オフリドの街並み photo by Diego Delso

中世正教会の大拠点のひとつ

優れた自然環境をもつオフリドには地球の歴史上早くから人類が集まり、ヨーロッパ最古の居住地の一つであったとされる。6世紀頃の初期キリスト教建築が確認されるほか、中世にはビザンツ様式の教会や聖堂が数多く建てられた。

美しいフレスコ画を堪能 聖マリア教会

オフリドには様々な年代のキリスト教建築が残るが、中世のものとして代表的なのは13世紀建立の聖マリア教会。聖クリメントの遺骸が納められていたこともある伝統ある教会には、ビザンツ美術の担い手とされる画家ミハイルとエウティキオスによるフレスコ画が残されている。併設されるイコン博物館では、11～19世紀にかけて描かれたビザンツ様式のイコン(聖画像)の数々を見られる。

2. 聖マリア教会にあるイコン画

バルカン半島随一の傑作を 聖ソフィア聖堂で鑑賞

11世紀初めに建てられたという

3.聖ソフィア聖堂 photo by Rašo **4.**手前がサミュエル要塞の城壁 **5.**聖ヨハン・カネオ聖堂

聖ソフィア聖堂にも見逃せない名画が多く残っている。名高い「キリストの昇天」のほかにも聖母マリアや聖人、天使を表した色とりどりの絵など14世紀までに描かれたビザンツ美術の傑作を見ることができる。

自然&文化遺産を愉しむ 聖ヨハン・カネオ聖堂

オフリド湖岸に建つ聖ヨハン・カネオ聖堂は、神聖ながら美しい聖堂から自然遺産であるオフリド湖を見晴らせる場所。複合遺産ならではの見どころだ。

小高い丘に建つ サミュエル要塞

オフリドは城塞都市として発展した街でもある。9世紀以降のブルガリア帝国時代に皇帝サミュエルがこの地を気に入り要塞を築いたとされる。その城壁の長さは3㎞にも及んだという。要塞の中に当時の面影を残すものはないが、城壁に立つと美しいオフリド湖を眺望できる。

POINT

ヨーロッパ最古といわれる神秘的な湖

自然遺産である湖もこの地域の見どころ。北マケドニアとアルバニアの境にあるオフリド湖は500万年前に誕生したともいわれる。最深300m近く、神秘的で美しいその存在に魅せられたように湖畔に人が集まり、街ができた。中世、オフリドには300を超える教会ができ「マケドニアのエルサレム」と呼ばれたという。自然遺産の範囲は2019年にアルバニア側まで拡大されている。

オフリド湖photo by Fif'（上）オフリドの街並み（下）

アルバニア

1.丘から見下ろすベラトの街 photo by godo godaj 2.独特なベラトの家 photo by Joonas Lytinen

29 アルバニア

ベラトとジロカストラの歴史地区

登録年・2005年、拡張・2008年／分類・文化遺産／登録基準・3、4

砦に守られる「千の窓の街」「石の街」

15世紀中頃、オスマン帝国の時代に交易で賑わった
ベラトとジロカストラの歴史地区には
中世初期のビザンツ様式以降、各時代の様式を反映した
城や教会が残り、その歴史的価値から「博物館都市」と称される。

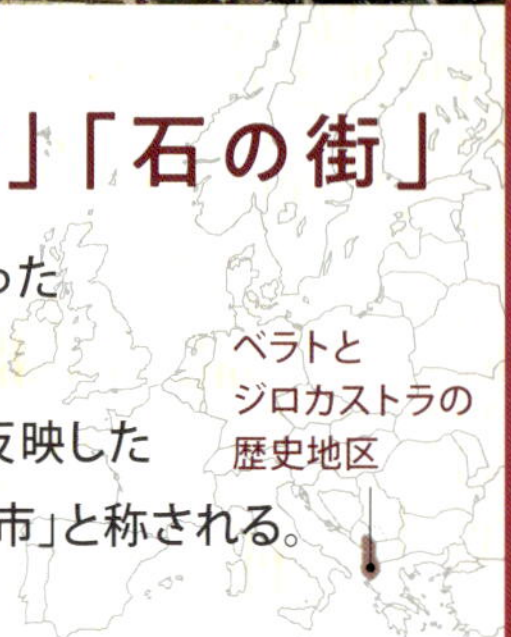

窓の多い家が並ぶベラト 小塔が目印ジロカストラ

アルバニア中部にあるベラトは、山肌に沿って広がる街並みが特徴的。赤い屋根、白い壁、窓の多い建物がずらり整列する様から「千の窓の街」と呼ばれる。山の頂に、紀元前4世紀建造といわれる砦に守られたベラト城があり、ここから街全体を見渡せる。

ジロカストラも山の斜面に建物が並ぶが、こちらは石造りの家が多いのが特徴で、「石の街」の異名を持つ。3世紀から幾度か強化が重ねられたという城壁や、アルバニアで最大級とされる城も残っており、貴重な歴史遺産にふれるのも楽しみの一つ。

POINT

中世アルバニアの歴史を愉しむ2つの要塞都市

ベラトとジロカストラは車で4時間ほど離れた場所にあるが、アルバニアを訪れるならぜひ両方の街に足を運んでおきたい。同じオスマン帝国支配下で発展した地域ではあるものの、異なる文化を築くに至った歴史が興味深い。

3.ジロカストラの家々 4.ジロカストラの街は道も石畳

第2章

西欧

Western Europe

30 フランス

中世市場都市プロヴァン

登録年・2001年 ― 分類・文化遺産 ― 登録基準・2、4

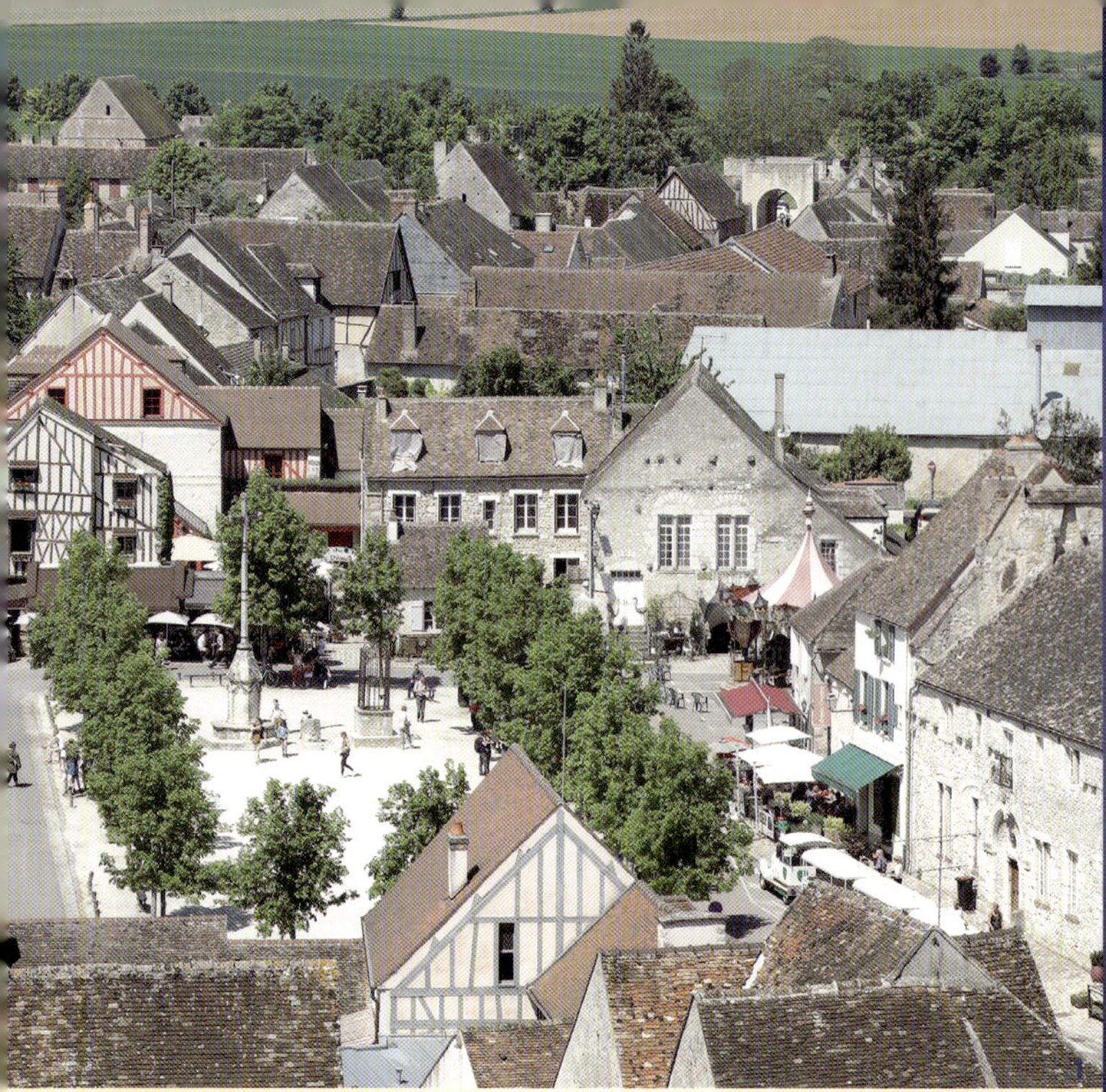

1. セザール塔から見たプロヴァンの街

ヨーロッパの繁栄を支えた交易都市

11世紀以降、イタリアやハンザ同盟都市を結ぶ交通の要衝として徐々に発展。多くの貿易商が集い、毛織物や貴金属、香辛料などを取引きする市場が定期的に開催された。街には関連する建築物がいくつも残り中世の交易都市の特色を今に伝えている。

伯爵家の権力のシンボル セザールの塔

プロヴァンで勢力を振るったシャンパーニュ伯が12世紀に建てた塔は、その権力の象徴といわれる。領地内を監視する役目を担うとともに、牢獄や鐘楼としても利用された。高さ20mを超える石造りの塔の最上階へ登ることができ、シャンパーニュ伯が眺めたであろう街並みを一望できる。

2. セザールの塔

ジャンヌ・ダルクも見た サン・キリヤース教会

プロヴァンには長い歴史を持つ教会がいくつもあり、訪ね歩く観光客が多い。サン・キリヤース教会もその一つ。12世紀の建造でジャンヌ・ダルクが立ち寄ったこともあるという。ほかにサント・クロワ（聖十字）教会やコルドリエ派教会などが人気。

大市の舞台にもなった サン・テイウル教会

11世紀にシャンパーニュ伯が造った教会で、建立のきっかけは聖エイウルがこの地に眠っていたことに起因する。プロヴァンを豊かにした定期的な市は「大市」の名で成長していったが、もともとはこの教会前で開かれていたものだったという。

3.サン・キリヤース教会 photo by Myrabella 4.サン・キリヤース教会内部 photo by Patrick 5.サン・テイウル教会 photo byPline

街中に張り巡らされた長い地下道

街街の地下に張り巡らされている全長10数kmにおよぶ地下道を見学することができる。中世、当地の粘土質の土が家造りや、盛んだった羊毛業で羊毛の汚れ落としに有効とされたことから採掘が進み、迷路のような地下道が出来上がったという。

城壁で最古のサン・ジャン門

プロヴァンの街は13世紀当時約5kmにわたる城壁で囲まれたという。その門の一つ、サン・ジャン門が保存状態良く残されている。パリへ目指す方向に開かれた門を当時多くの人が通り抜けたという。そばにかつての兵舎を利用した博物館がある。

中世の暮らしぶりを偲ぶ十分の一税用の倉庫

教会が教区民から十分の一税として納められた収穫物を保存する倉庫であり、同時に定期的な市を開くための倉庫として利用された。現在は博物館となり、中世プロヴァンの繁栄を支えた商人や石切工などの職人たちが蝋人形で展示されている。

最古のホテル オステルリー・ド・ラ・クロワ・ドール

建物は1264年から1270年に造られたもので、16世紀よりフランス最古の歴史を誇る小さなホテルとなり、当時は珍しい食事付きの宿泊館として旅人たちの心と体を温めた。現在は中世の薫りを漂わせる瀟洒なレストランに生まれ変わっている。

十字架の塔が目印 シャテル広場

プロヴァン旧市街のほぼ中心にある、古くから市民に親しまれてきた憩いの広場。今は周囲に土産物店や

6.サン・ジャン門 photo by Jean-Pol GRANDMONT

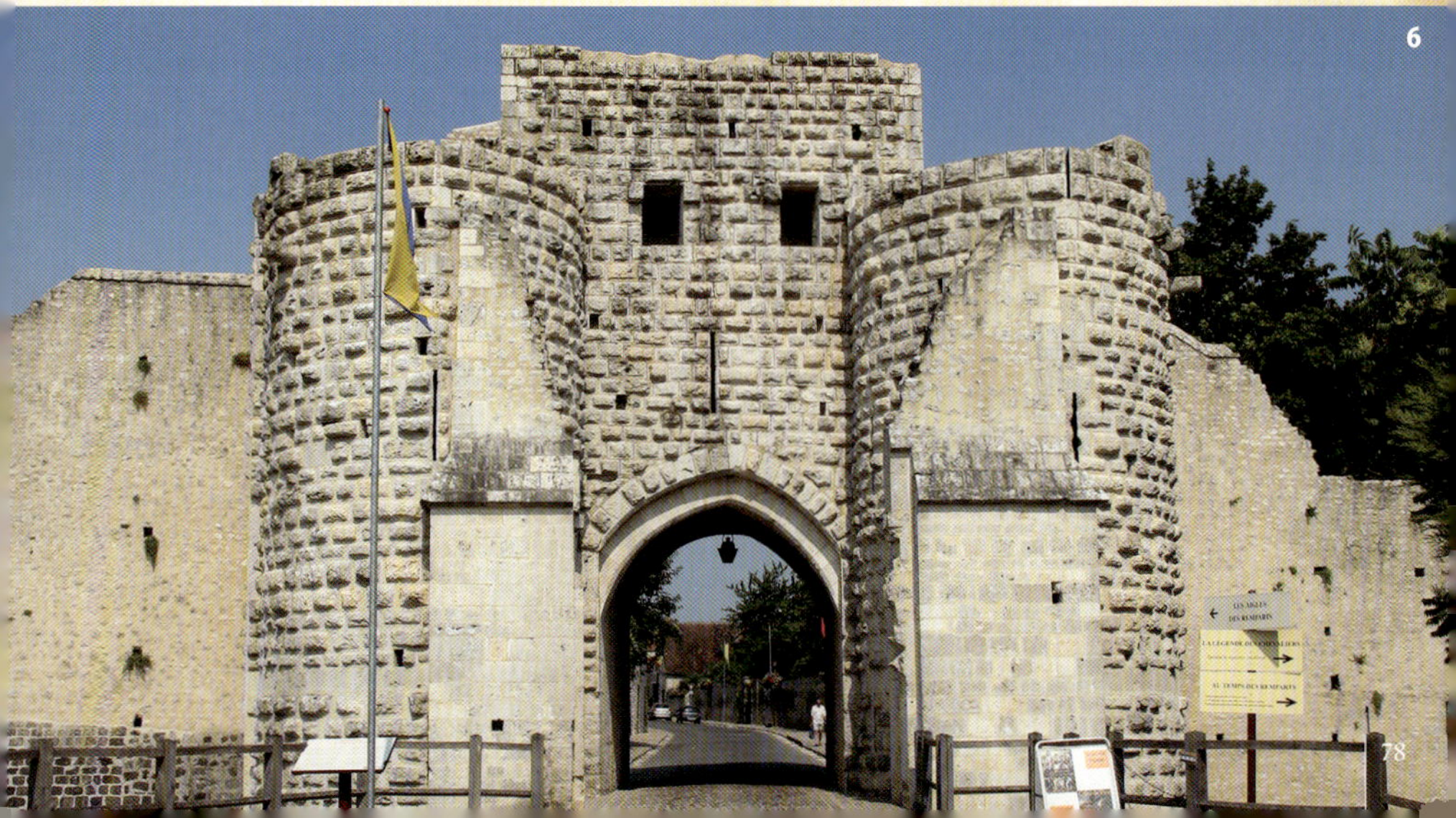

カフェ、レストランなどが並び、観光客を集めている。真中あたりに13世紀に建てられたという「両替の十字架」「勅令の十字架」と呼ばれる中世市場都市を象徴する塔がある。

7.プロヴァンの地下道 photo by patrick janicek **8.**十分の一税の倉庫 photo by Sylenius **9.**オステルリー・ド・ラ・クロワ・ドールphoto by Pline **10.**シャテル広場

POINT

街のあちこちに漂うバラの香り

プロヴァンの特産品といえば、バラを使った香水やジャム、キャンディーなどが知られている。この地域のバラは13世紀にシャンパーニュ伯ティボー４世が十字軍の遠征の際にダマスカスから持ち帰り、それが根付いたものといわれる。

プロヴァンのバラ

ティボー4世

31 フランス

シュリー-シュル-ロワールとシャロンヌ間のロワール渓谷

登録年・2000年、範囲変更・2017年 — 分類・文化遺産 — 登録基準・1、2、4

1. フレンチルネサンス様式のシャンボール城

美の国フランスが誇る「庭園」

フランス最長のロワール川は古くから交易路として利用され、その流域に繁栄をもたらした。とりわけ自然が美しいロワール渓谷には華麗な城がいくつも建ち、生み出された景観は「フランスの庭園」と賞賛される。

中世初期の面影が残るシノン旧市街

ロワール渓谷で最初に訪れたいのはシノン旧市街。1429年にジャンヌ・ダルクが国王シャルル7世に面会したとされる街で、彼女の像が建つ広場もあり、その歴史が地元に強く記憶されていることが伝わる。面会の舞台となったシノン城はロワールで最も古く、5世紀には原型となる砦があったという。旧市街は道沿いに狭い間隔で家屋が並ぶ。名産のワインを置くバーやレストランも軒を連ねる。

2. シノン城 photo by LonganimE

3.アンボワーズ城から見下ろすロワール川 **4.**ブロワ城 photo by Krzysztof Golik **5.**15世紀建造のユッセ城 photo by Manfred Heyde

フランス式庭園の元祖 アンボワーズ城

ロワール川を見渡す高台に築かれたアンボワーズ城も必見。11世紀に造られたといわれる城で、シャルル7世、ルイ11世などヴァロワ朝の歴代王が心を和ませたという最上級の景観が楽しめる。庭はフランス式庭園（幾何学的な池の配置などが特徴）の先駆けとされる。レオナルド・ダ・ヴィンチが眠るサン・ユベール礼拝堂が城壁内にある。

歴代の王が愛したブロワ城

ルイ12世が15世紀末に王となってからアンリ4世がパリに宮廷を移すまでの約１００年間、第一城とされた。要塞として建てられた13世紀から17世紀まで増改築が繰り返され、多様な建築様式が用いられている。軍を率いたジャンヌ・ダルクがこの城で大司教から祝福を受けたとされる。

眠れる森の美女の舞台 ユッセ城

ユッセ城はメルヘンチックな外観が印象的。詩人シャルル・ペローがここで「眠れる森の美女」を書いたのもうなずける。内部にはその物語の一シーンが蝋人形で再現されている。城を囲む深く静かな森を思い浮かべながら目を閉じると、すっと物語に入り込めそう。

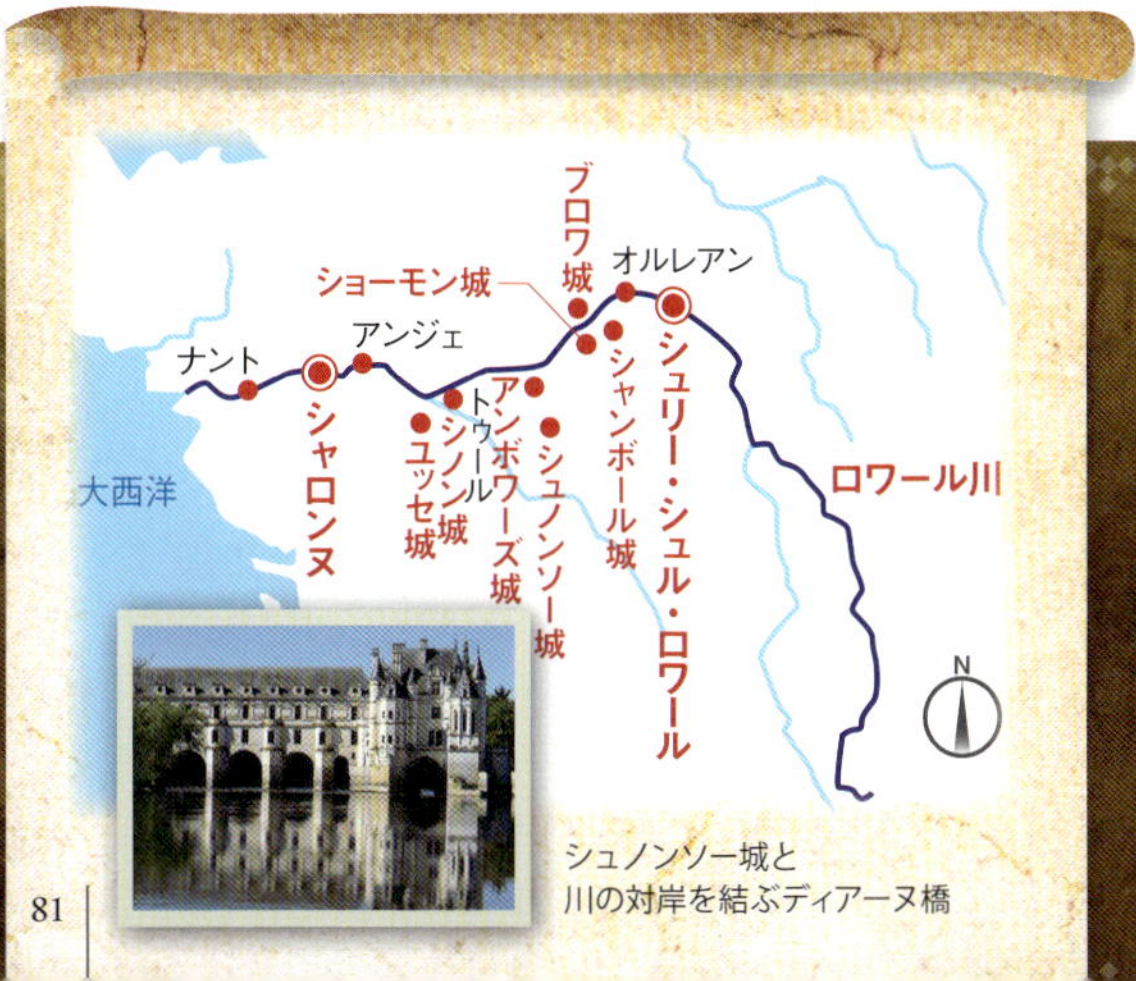

シュノンソー城と川の対岸を結ぶディアーヌ橋

POINT

貴族が暮らす城、砦としての城、歴史の変遷を映す多彩な城を巡る

ロワール渓谷にはルネサンス期の貴族の城や、イギリスとの１００年戦争時に砦として造られた城など大小３００はあるといわれる。政治の中心が、ルイ14世のヴェルサイユ宮殿に移るまではフランスの中心であった地域であり、当時の重要人物が闊歩した様子を想像しながら古城巡りを楽しみたい。

1. リヨン市街

32 フランス

リヨン歴史地区

登録年・1998年 ― 分類・文化遺産 ― 登録基準・2、4

古代から人々を魅了した河畔の美都

フランスの南東、ソーヌ川とローヌ川の水路に恵まれたリヨンは
絹織物などの交易で栄え、中世にはヨーロッパの
政治・文化・経済に影響を及ぼすまでに発展していった。
今残る美しい建物群が、当時の街の勢いを伝えている。

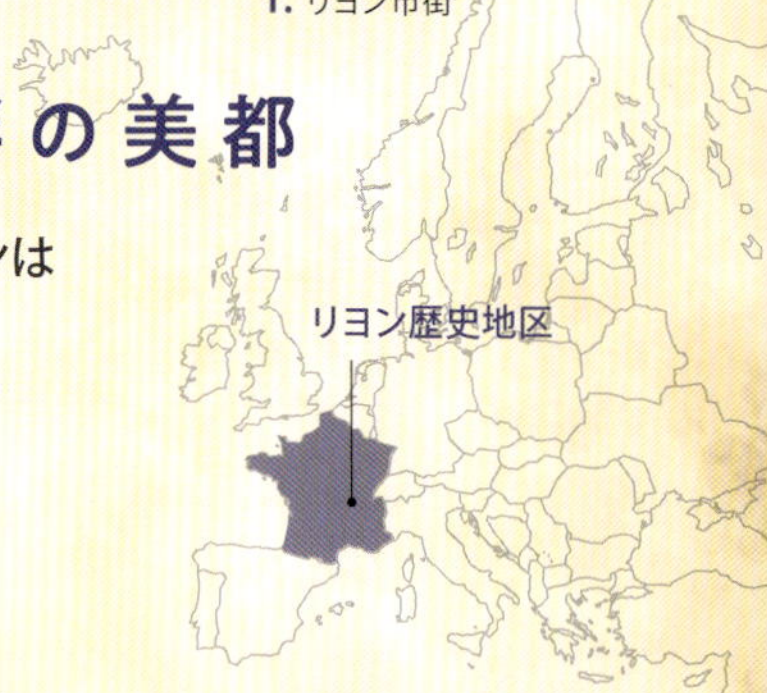

中世にタイムスリップ サン・ジャン大聖堂

12～15世紀まで長い年月をかけて建設された大聖堂には、着工当時のロマネスク様式と、後のゴシック様式が見事に共存する。奥行き約80m、天井の高さ30mを超える内部では、その空間を神聖なものにしているステンドグラスやバラ窓などを間近にできる。

大聖堂内、天文時計も中世リヨンの栄華を示す品であり、細部まで手の込んだ彫刻は芸術的。14世紀後半の設置はヨーロッパで最も古いものとされている。当時は時刻と日付のほかに太陽系の動きなども表示したという。

2. サン・ジャン大聖堂 photo by Pline

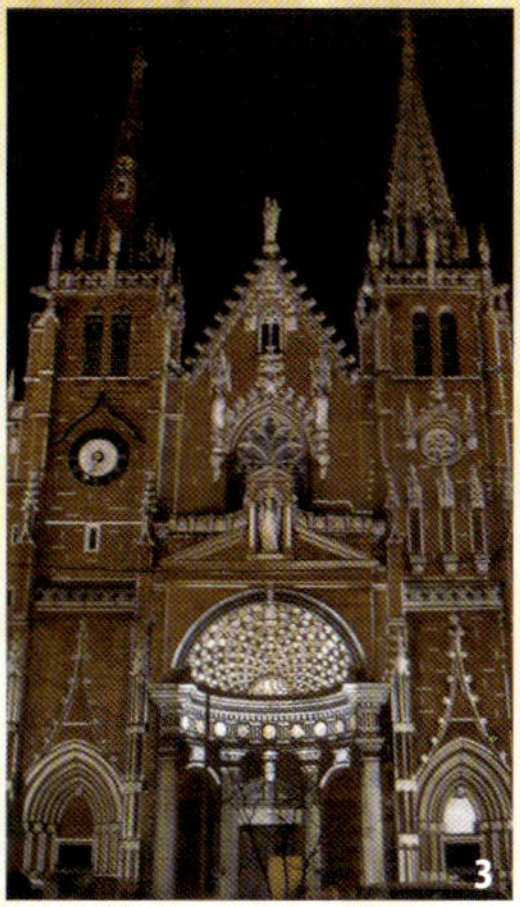

3.夜のサン・ニジエ教会 4.フルヴィエールの劇場跡 5.クロワ・ルース
photo by Pline

リヨンの歴史の上に建つ サン・ニジエ教会

起源は5世紀まで遡り、リヨンは古代ローマ時代にはキリスト教徒の殉教の地といわれた場所で、サン・ニジエ教会は殉教者のために建てられたといわれる。ルネサンス期には政治の舞台にもなった重要な教会。2基の鐘楼を持つ現在の姿になったのは15世紀以降。内部では見事なネオゴシック様式の説教壇や祭壇、礼拝堂などに目を奪われる。

リヨン発祥の地となった フルヴィエールの丘

リヨン歴史地区を見渡すことができるのがフルヴィエールの丘。古代ローマ時代に神の丘と呼ばれた場所で、リヨン発祥の地とされる。紀元前に造られたという劇場や、ガロ・ローマ時代の遺跡を収蔵する博物館などがある。

クロワ・ルースで トラブールを散策

リヨンの古き良き時代の雰囲気を感じられるのはクロワ・ルースの街。絹織物で栄えた地区で、織機を中に入れたため背の高い建物が多いのが特徴。リヨン独特のトラブールという、織物を濡らさないための屋根付きの小路があり、そのいくつかを通ることができる。

POINT

サン・テグジュペリも暮らした街

リヨンはルネサンス期にはリヨン派と呼ばれる詩人を輩出するなどフランスの文化発展に大きく貢献した。以来、優れた芸術家を多く生み出していて、「星の王子さま」の作者サン・テグジュペリもその一人。街の中心にあるベルクール広場の一角に彼の像が建っている。

サン・テクジュペリの像

1.アヴィニョン旧市街

33 フランス

アヴィニョン歴史地区

登録年・1995年 ― 分類・文化遺産 ― 登録基準・1、2、4

教皇とともに栄華を迎え入れた街

ローヌ川沿いに広がるアヴィニョンは14～15世紀の一時期、
カトリック・ローマ教皇が暮らした場所。
カトリック世界の中心地となったのをきっかけに活性化し
ルネサンスの気運も上昇、芸術・文化が花開いた。

9人の教皇が暮らした格式高い教皇庁宮殿

1309年、ボルドー大司教だったクレメンス5世が教皇となりローマから教皇聖座をアヴィニョンに移して以降、グレゴリウス11世がローマに戻るまでの約70年（アヴィニョン捕囚の時代）と、再びアヴィニョンに移った約40年（教会大分裂の時代）、7代にわたる教皇と2代の対立教皇がここで暮らした。高さ約50m、敷地約1万5000㎡、中世ゴシック様式の宮殿では最大級。フランス革命時に内部装飾がほぼ壊されたが、残された広い空間は荘厳かつ格式の高さを感じさせる。

2.教皇庁宮殿

3.プチ・パレ美術館 photo by Fagairolles 34 4.ノートルダム・デ・ドン大聖堂内部 photo by Patrick 5.アヴィニョンを囲む城壁 photo by Zeerood

歴代の傑作画を飾る プチ・パレ美術館

教皇庁宮殿敷地内に14世紀に建造された司教館が現在は美術館になっている。プチ・パレは「小宮殿」の意。ルネサンス初期に活躍した天才ボッティチェリやクリヴェッリによる傑作画のほか、15世紀以降のアヴィニョン派といわれる作品などが見られる。

宮殿を見守るノートルダム・デ・ドン大聖堂

宮殿に隣接する大聖堂は、鐘楼の頂上に輝く金色のマリア像が印象的。12世紀半ばにロマネスク様式で建築されたもので、礼拝室には教皇ヨハネス22世が眠る。聖マルコや聖ルカを象徴した芸術的な装飾も残っている。

城塞都市の過去を示す城壁

アヴィニョンは4㎞を超える城壁で囲まれている。その範囲の中に教皇庁があり、美術館や博物館、教会などが建てられている、まさに城塞都市。城壁の南側レピュブリック門から宮殿までの間、石畳を踏みしめ当時の人々の生活を想像しながら散策するのも面白い。

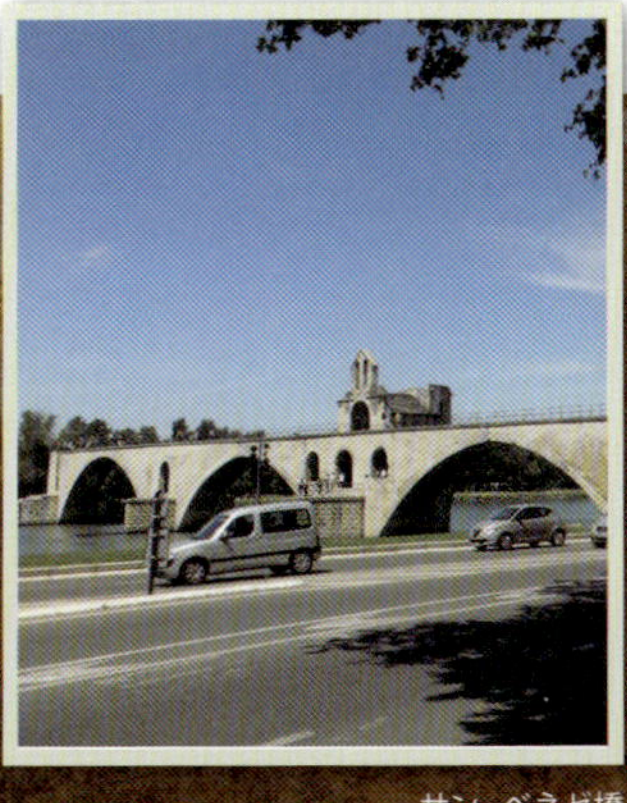

サン・ベネゼ橋

POINT

思わず踊りたくなる? サン・ベネゼ橋

アヴィニョンといえばサン・ベネゼ橋が有名。伝説では12世紀、羊飼いベネゼが人々に呼びかけローヌ川の急流に橋を渡したという。ベネゼは後に橋梁建設者の守護聖人となっている。なお民謡「アヴィニョン橋」に「橋の上で輪になって踊ろう」とあるが、その広さはなく実際は橋下で踊ったとみられる。度重なる洪水で22あったアーチは壊れ現在残るのは4つ。

34 フランス

アルルのローマ遺産とロマネスク様式建造物群

登録年・1981年 — 分類・文化遺産 — 登録基準・2、4

1.アルルの街並み photo by Steffen Heilfort

古代遺跡と中世の信仰が織りなす古都

アルルは古代ローマ帝国の時代から商都として栄え
「ガリアの小ローマ」と呼ばれるまでに至った。
中世においては巡礼路の出発点や大墓地などが置かれ
人々の信仰の面でも重要な場所となった。

ロマネスク様式の傑作 サン・トロフィーム教会

11～12世紀、石造りのロマネスク様式で造られた教会で、繊細な彫刻が随所に施されていることで知られる。正面入り口に立つと、扉口の「最後の審判」をモチーフにした彫刻、四方の壁面に刻まれた十二使徒や諸聖人が出迎える。中庭を囲む美しい回廊には柱頭に様々なモチーフが刻まれた柱が並ぶ。中世に流行した「サンティアゴ・デ・コンポステーラへの巡礼路」にある教会の一つ。

2.サン・トロフィーム教会

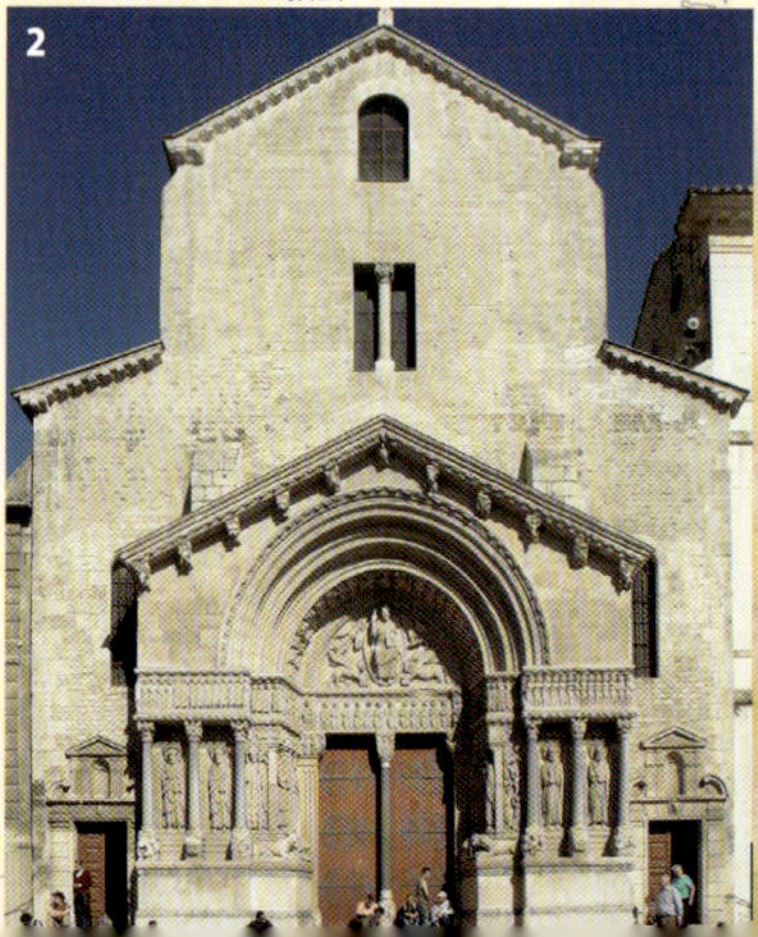

フランス

3.サン・トロフィーム教会内の展示物 photo by Tony Bowden
4.サン・トノラ教会 5.古代劇場 photo by Patrick

聖地巡礼の起点 サン・トノラ教会

アルルの南東に、当地の大司教も眠っているといわれるローマ時代からの大墓地アリスカンがある。その周囲に、11～13世紀の間にいくつも造られた教会の中の一つがサン・トノラ教会。現在は廃墟と化しているが、ここも「サンティアゴ・デ・コンポステーラの巡礼路」にある教会であり、その起点として中世の巡礼者が多く訪れたという。

要塞にもなった古代遺産

古代ローマ時代に栄えた証である円形闘技場が旧市街の東部にある。最大直径約136m、紀元1世紀の建造当時は最大2万人を収容したという。6世紀には要塞としても利用された。

円形闘技場のそばには紀元前1世紀に造られた古代劇場もある。半円形の階段式座席から舞台を見下ろす形式の劇場は、現在ではコンサートなどのイベントに利用されている。

ベネディクト会が948年にアルル郊外に建設したモンマジュール修道院。プロヴァンス地方最大級のロマネスク様式の修道院といわれる photo by Zeerood

POINT

古代ローマ帝国の時代を想像させる希少な「ロマネスク様式」

アルルはロマネスク様式が残ることでも世界遺産登録されている。ロマネスクは「ローマ風」の意で、10～12世紀に西欧で流行した建築スタイル。特徴は石造りで厚壁、小さな窓、円形アーチなど、総じてシンプルで頑強。当時、キリスト教会や修道院が主にこの様式で建てられたことで広まったといわれる。

35 フランス

歴史的城塞都市カルカッソンヌ

登録年・1997年 ― 分類・文化遺産 ― 登録基準・2、4

1.カルカッソンヌを囲む城壁 photo by Pedro

二重の城壁に守り抜かれた城塞都市

カルカッソンヌの市中を流れるオード川の右岸に
二重の城壁で囲まれた「シテ」と呼ばれる城塞都市がある。
最初の壁は古代ローマ時代のもので、もう一つは中世に。
城壁は約 3 kmにわたり、52の塔が建っている。

古代からの城壁の外側にさらなる石造りの壁

地中海と大西洋に近いカルカッソンヌは古くから商業・軍事の拠点として栄えた地であり、外敵から街を守るための城壁は古代ローマ時代から築かれていたという。13世紀半ば、隣国のアラゴン王国とフランスとの紛争の前線地帯になったのを機に、防御を強化する目的でルイ9世が既存の城壁の外側にさらに城壁を築きはじめ、フィリップ3世・4世の時代に完成させた。

2.ライトアップされたカルカッソンヌの城壁

フランス

3.カルカッソンヌの城壁内 4.コンタル城の内側 5.サン・ナゼール・バジリカ聖堂 photo by Jean-Pol GRANDMONT

3

4

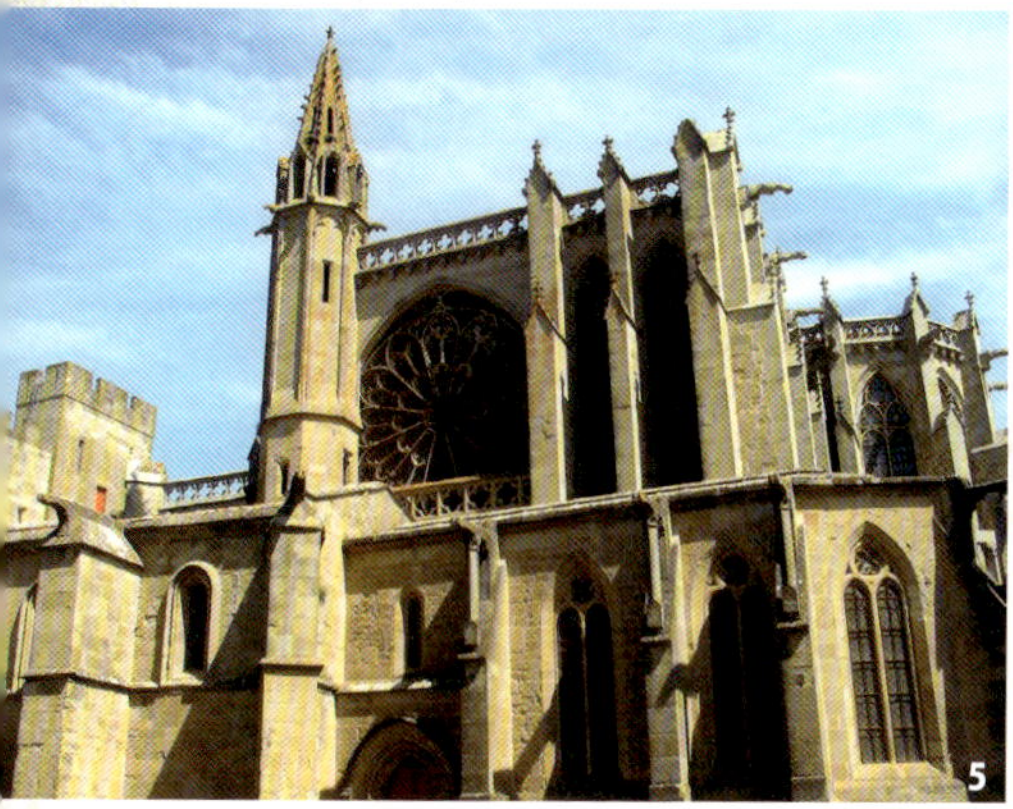

5

コミューンの見張り役 丘の上のコンタル城

コンタル城はシテ内に建つカルカッソンヌのランドマーク。12～13世紀に建造され、近隣国との緊張時代には歴代の城主がここから敵の様子をうかがった。城壁には自由に上ることができ、シテ内外を見渡すことができる。城内ではカルカッソンヌとシテに関する貴重な資料を見ることができる。

市民の心を支えた サン・ナゼール・バジリカ聖堂

シテの内側にあるサン・ナゼール・バジリカ聖堂は11～14世紀頃まで長い年月をかけて建てられた。外観は着工期のロマネスク様式、内装は後に潮流となるゴシック様式、時を重ねることで図らずも荘厳と優美を備えた聖堂となった。13～14世紀の美しいステンドグラスや芸術的な聖母子像などが見もの。

もともとの平らな屋根 photo by Pinpin

城壁からの風景

POINT

難攻不落とされた勇姿を再現

1659年のピレネー条約でフランスとスペインとの国境線が定められると城壁は役割を終え荒廃したが、19世紀になると歴史的価値が見直され、建築家ヴィオレ・ル・デュックにより修復が行われた。なお修復には一部間違いもあったようで、例えば城壁をつなぐ塔の屋根は本来平らだったはずだが、北フランスの城の様式で尖形になっている。

1. イル川を挟んだ川沿いの街 photo by Bichot

36 フランス

ストラスブールのグラン・ディルとノイシュタット

登録年・1988年、拡張・2017年 ― 分類・文化遺産 ― 登録基準・2、4

フランスとドイツが交差する都市

フランスの北東、ドイツの近くに位置するストラスブールは大きくグラン・ディル（旧市街）とノイシュタット（新市街）に分かれる。ノイシュタットは19世紀以降に整備された街で、中世の面影を残しているのはグラン・ディルの方。当地のゴシック様式は12世紀以降ドイツ建築に影響を与えた。

中世の雰囲気が残る グラン・ディル

紀元前から集落ができていたとされるストラスブール。水陸路の要衝であり古くから周辺国に干渉され続けたものの、歴史的建造物が今日まで残り市全域が世界遺産に登録されている。街が隆盛を誇った中世の雰囲気を味わうことができる。

ゲーテも讃えた美貌 ノートルダム大聖堂

ノートルダムはフランス語で「私達の貴婦人」、聖母マリアを指す。フランスのほかにも複数ある同名聖堂の一つだ

2. ノートルダム大聖堂 photo by Diliff

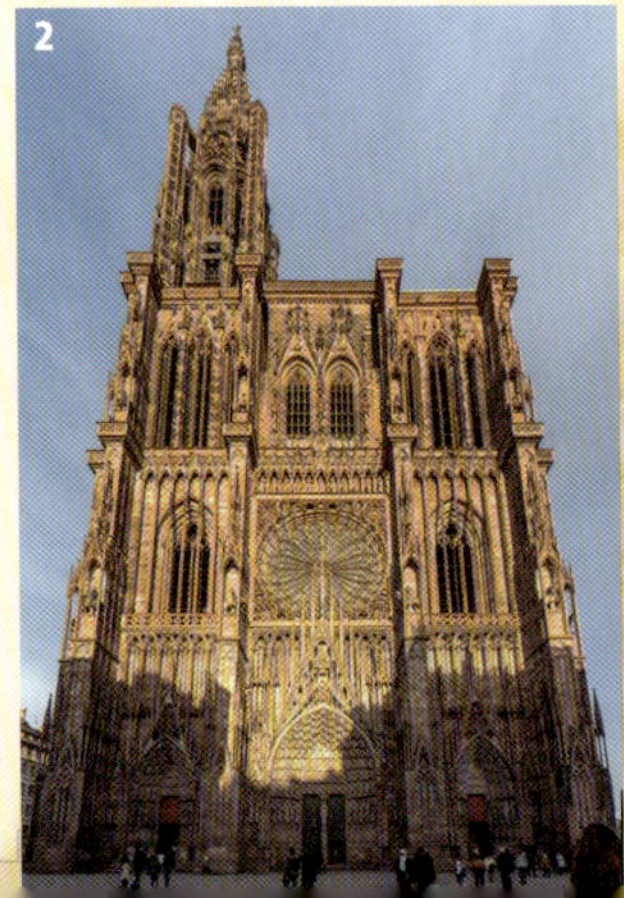

が、11世紀から完成まで400年という工期の長さは随一。ゲーテも讃えた壮麗なゴシック様式でグラン・ディルのシンボル。13世紀作の彫刻「天使の柱」、説教師ガイラーの説教壇、聖母を題材にしたステンドグラスなど見どころが多い。

3.説教壇 4.天文時計 photo by Diliff 5.グーテンベルク広場のグーテンベルク像 photo by Ctruongngoc

世界最大級の天文時計動き出す人形も必見

ノートルダム大聖堂内では天文時計も必見。元々14世紀に作られた時計を、後に天文時計に進化させたのだそう。高さ約18mは天文時計としては世界最大クラス。一定の時刻になると人形が動き出す仕掛けがされている。

グーテンベルクの功績を称える広場と像

大聖堂近く、市のほぼ中央にグーテンベルクの名が付く広場があり、彼の像が建っている。15世紀ドイツの出身だが、ストラスブールで金細工を学び、活版印刷を発明した。活版印刷は聖書の普及を進め、宗教改革に影響を与えた。

ストラスブールの地図　中央がグラン・ディル

POINT

イル川を境に分かれる旧市街と新市街

ストラスブールの市中にライン川の支流イル川が流れている。イル川は市のほぼ中央で一旦大きく2つに分岐した後に、市外へ出る前に再び合流する。この分岐したイル川の間に挟まれた島状の区域が旧市街。グラン・ディルはフランス語で「大きな島」の意。

1. ブルージュの運河クルーズ

37 ベルギー

ブルージュの歴史地区

登録年・2000年 ― 分類・文化遺産 ― 登録基準・2、4、6

運河が走る「天井のない美術館」

ブルージュは12世紀以降、運河を利用した交易が盛んになり13世紀にハンザ同盟に加盟してからは西ヨーロッパ指折りの都市にまで成長した。しかし15世紀、運河が沈殿した泥で使えなくなり衰退。中世の景色を残したまま発展を止めた。

2. 聖サルバトール大聖堂
photo by Michielverbeek

ブルージュで最も古い聖サルバトール大聖堂

高さ約100mの尖塔が目を引く建物は12～13世紀に造られたブルージュで最も古いローマカトリックの救世主大聖堂。壮大なゴシック様式の外観に感動するとともに、内部では繊細なステンドグラスや祭壇、司祭服、ベルギー出身で中世に活躍した画家ファン・デル・フースなどの画が見られる。

街の中心に建つ聖母大聖堂

10世紀以前から存在したといわれる聖母大聖堂だが、修復や改築を重ねて現在の姿になったのは15世紀といわれる。ブルゴーニュ公国時代の領主・

シャルル公爵とその娘でハプスブルク家の妃となったマリーが眠る霊廟や、ミケランジェロが手掛けた彫刻「聖母子像」があることでも知られる。

ベルギー最古級の市庁舎

フランドル伯ルイ2世が建設を指示したベルギー最古級とされる市庁舎。1376年の着工から40年以上を経て完成された。聖書の教えなどが彫刻されたファサードが特徴的な後期ゴシック様式の建築物。通りを挟んでブルッへの鐘楼が聳える。

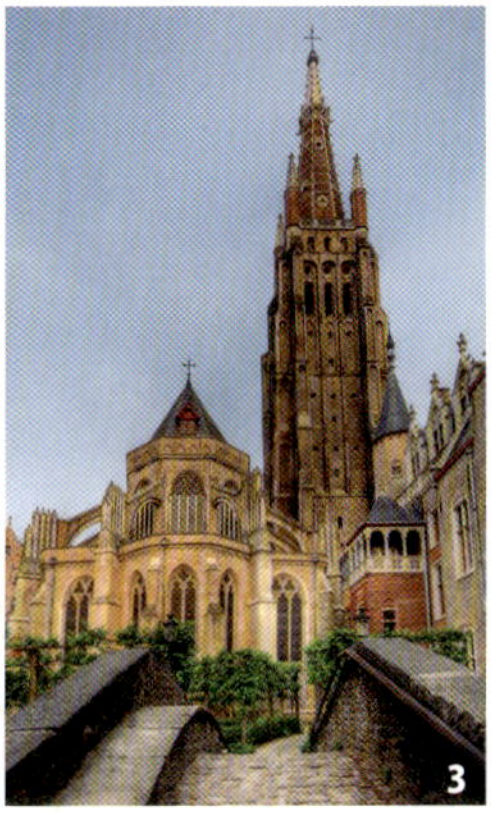

3.聖母教会（ノートルダム教会） 4.ブルージュ市庁舎 photo by rene boulay 5.ベギン会修道院 photo by Donar Reiskoffer

中世の病院跡地と現役の修道院

12世紀、医療を提供すると同時に巡礼者や貧しい人たちの宿として聖ヨハネ病院が造られ、後に傍らに修道院が建てられた。看護を担う修道女たちが暮らした当時の資料が展示されているほか、施設の一部は15世紀後半の画家ハンス・メムリンクの主要作品などを収蔵する美術館となっている。

また、女性の自立支援を目的とした共同体ベギン会により13世紀に建設されたベギン会修道院は、半聖半俗の女性たちの拠点で、建物の一部が資料を残す博物館となり、当時の生活を紹介している。現在はベネディクト派の修道女が15世紀の修道服をまとい祈りの生活を送っている。

ヤン・ファン・エイクの『ファン・デル・パーレの聖母子』

中世エークハウト修道院の跡地に建つグルーニング美術館 photo by Le Fou

POINT

宮廷画家ヤン・ファン・エイクに会う

ブルージュは繁栄の歴史の中で芸術の成長を支えてきたことでも知られる。初期フランドル派で北ヨーロッパの巨匠と呼ばれるヤン・ファン・エイクやハンス・メムリンクの名作をはじめ、ブルージュを拠点として活躍したさまざまな画家や彫刻家の作品を美術館ほか市内各所で見られる。

38 ベルギー・フランス

ベルギーとフランスの鐘楼群

登録年・1999年、拡張・2005年 ― 分類・文化遺産 ― 登録基準・2、4

1.ゲントの美しい街並み

鐘楼は繁栄都市の象徴であり誇り

中世後期、商業で発展した都市の中心には、大聖堂のほかに
市民の自治の象徴として市庁舎や鐘楼が築かれた。
ベルギーとフランスをまたいで点在する
そうした鐘楼56棟が、世界遺産に登録されている。

カリヨンを響かせる ベルギー・ゲントの鐘楼

鐘楼でよく知られているのはベルギー、フランドル地域にある都市ゲント旧市街のもの。ゲントは中世後期に織布業で栄え、14世紀には西ヨーロッパ有数の規模に発展した。繁栄の象徴である鐘楼は1300年頃の建立で高さ約90m。非常時に軍隊を招集するのが本来の狙いだったとか。後にカリヨンが吊され街に愛らしい音を広げるように。中に入ることができ、鐘楼の歴史や過去のカリヨンなどを見られる。

2.ゲントの鐘楼

ベルギーに33塔の鐘楼

ベルギーではゲントの鐘楼を含め33棟が世界遺産に登録されている。11〜17世紀に建てられたものまであり、それぞれゴシック様式やルネサンス様式など、時代の潮流を反映した特徴的な姿が見られる。フラームス・ブラバント州にある聖レオナルドゥス教会の鐘楼や聖ペテロ教会の鐘楼、リンブルフ州にあるシント・トロイデンの市庁舎鐘楼などは上品でおしゃれ。

3.上から見た鐘楼 photo by Donarreiskoffer
4.ゲントの小路

フランス北部に残る23塔

ベルギーとの国境付近に建つ鐘楼が世界遺産に登録されている。フランスにおける重要な港湾都市ダンケルクの市庁舎鐘楼は高さ75m、ルネッサンス様式が反映されたレンガ造りが印象的で観光客も多い。同じ地域にバイユール市庁舎鐘楼、ベルグの鐘楼、グラヴリーヌの鐘楼、ロス市庁舎の鐘楼などがあり、フランス北部へ足を運ぶ機会にはぜひ鐘楼巡りを楽しみたい。中に入ることができ、鐘楼の歴史や過去のカリヨンなどを見られる。

カリヨン（組み鐘）

POINT

カリヨン（組み鐘）の響き

市民に愛され続ける鐘楼から流れるカリヨンの音。カリヨンは音程の違う鐘を複数個組み合わせたもので、ヨーロッパでは23鐘以上を組み合わせたものをカリヨンと呼んでいる。元々は時刻を知らせる大鐘が鳴ることを事前に知らせる「前打ち」と呼ばれる小さな鐘だった。

1.シュトラールズントとヴィスマールの中心地

39 ドイツ

シュトラールズント歴史地区とヴィスマール歴史地区

登録年・2002年 ― 分類・文化遺産 ― 登録基準・2、4

ハンザ同盟を牽引したレンガゴシックの街

バルト海に面したシュトラールズントとヴィスマールは
ハンザ同盟を牽引した都市であり、14～15世紀にかけて発展した。
当時の面影を残す旧市街には中世ゴシック様式の教会や
レンガ造りの市庁舎、石畳の広場などが残っている。

シュトラールズントの市庁舎

中世、栄華を誇ったことは旧市街を歩くとよくわかる。レンガゴシック様式の建造物が並び、その景観は「ハンザの宝石」とも称される。14世紀に同様式の建造物が多く造られた中でもその象徴とされるのが市庁舎で、旧市街の中心、市民の憩いの場であるアルター・マルクト広場のシンボルとなっている。

中世の風情漂う教会群

シュトラールズントには中世の教会もいくつか残っている。

聖マリエン教会はその一つ。14～15

2.シュトラールズントの市庁舎

世紀にゴシック様式で建てられた教会は当地で最大級。高さ約100mの塔に上ると旧市街を一望できる。

市庁舎近くにある聖ニコライ教会も14世紀頃の建立。また、旧市街の中心部に建つ博物館はかつてドミニコ会修道院だった建物で、中世に使われた祭服など貴重な歴史資料を残している。

ヴィスマール最古の建物 アルター・シュヴェーデ

港街ヴィスマールも所々に中世を感じさせる。代表するのはアルター・シュヴェーデ。14世紀後半に建てられた当地で一番古い邸宅。建設当時、1階は住宅および事業所として、他の階は倉庫として使用されていたという。現在は建物を生かし、家庭的な料理を提供するレストランになっている。

商人が通い詰めた教会

ヴィスマールにも古い歴史を持つ教会がある。聖ゲオルク教会は13～15世紀に建てられた、いわゆるレンガゴシック様式。この街で最大級の教会であり、商人や職人など多くの市民が祈りを捧げたという。鐘楼に登ることができ、そこから市街を一望できる。

3.シュトラールズントのマリエン教会 photo by Darkone 4.シュトラールズントの聖ニコライ教会 photo by Darkone 5.ヴィスマールのアルター・シュヴェーデ photo by Reinhard Kraasch

14,15世紀のハンザ同盟都市

●主要なハンザ都市　■外地商館

POINT

都市が手を組んだ「ハンザ同盟」

シュトラールズントとヴィスマールの繁栄には「ハンザ同盟」が大きく影響している。13～16世紀、北海・バルト海沿岸の諸都市により、商業上の共同利益保全、海上交通の安全保障、デンマークの侵入などに備えた共同防衛等を目的に成立していた。最盛期の14世紀後半には、リューベックを中心に多くの都市が加盟していた。

1.ブレーメンのマルクト広場 photo by Rami Tarawneh

40 ドイツ

ブレーメンのマルクト広場の市庁舎とローラント像

登録年・2004年 ― 分類・文化遺産 ― 登録基準・3、4、6

叙事詩の英雄は自治都市の象徴

ブレーメンは神聖ローマ帝国から自治を許された帝国自由都市。1358年、ハンザ同盟に加盟し商業の一大拠点に成長した。旧市庁舎とローラント像は繁栄の象徴かつ都市の誇りであり第二次世界大戦時には市民が戦火から守ったという。

英雄カール大帝に見守られる旧市庁舎

ブレーメンがハンザ同盟に加盟して間もなく、1405年に着工されたゴシック様式の旧市庁舎。後年、一部が北ドイツで流行したヴェザー・ルネサンス様式で改修され現在の姿になっている。2階の窓を飾る英雄カール大帝と7人の選帝侯像がいかにも市政を司る機関としての威厳を放つ。地下に行くと、創建当時ワイン貯蔵庫として使われた場所にレストランが開かれている。

2.ブレーメン市庁舎 photo by Kpjas

ドイツ

3.ベットヒャー通り 4.間近で見たローラント像
photo by xiquinhosilva

自治都市の象徴 ローラントの像

ローラントは中世ヨーロッパに広まった物語「ローランの歌」の主人公。当地が貴族の一方的支配に屈しないことの象徴として建てられたという。1404年に建立されたこの像は高さ約10m、独立式ではドイツで最も大きいといわれる。なお、これ以前にも像はあったが、市議会議員と対立した大司教が焼き払ったため新たに造られた。以降、市民らの手で守り続けられ、もし壊されてもすぐに換えられるよう控えがあると噂されるほど大切にされている。

中世の雰囲気漂う街を大聖堂から一望

ブレーメンの街はローラントの像があるマルクト広場を中心に広がっている。旧市庁舎は像のすぐ前、西に中世の街並みを再現したベットヒャー通りがあり、東に11世紀に建設着手されたという聖ペトリ大聖堂がある。

POINT

中世ヨーロッパにおける「ローランの歌」

11〜12世紀にヨーロッパに広まった「ローランの歌」は、カール帝率いるフランス軍とイベリア半島のイスラム勢力との戦いのなかで、カール大帝の右腕・ローランの武勇と非業の死を描いた叙事詩。相手を恐れず立ち向かうローランを自主・自律のシンボルとし、ヨーロッパ各地の自由都市で像が建てられた。

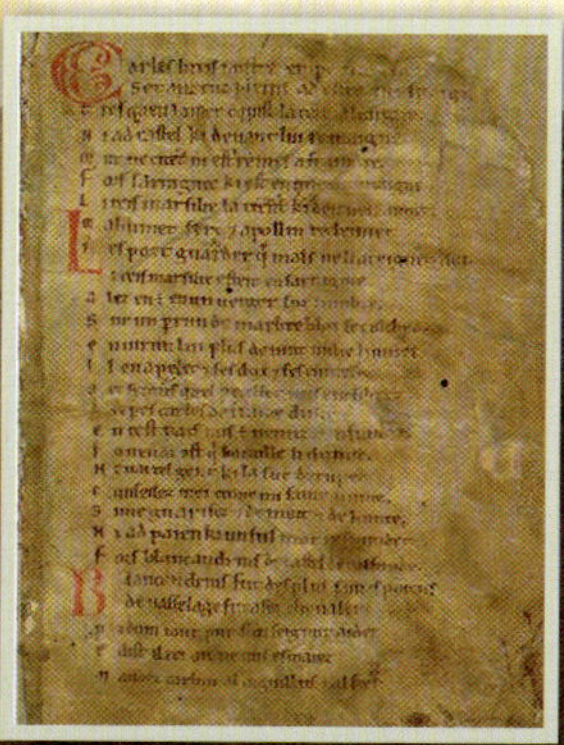

オックスフォード大学に収蔵されている写本の一部

41 ドイツ
ケルン大聖堂

登録年・1996年、範囲変更・2008年 — 分類・文化遺産 — 登録基準・1、2、4

1.ケルン大聖堂

見るものを圧倒する荘厳な佇まい

古代ローマ帝国時代からの長い歴史を持つ街にあって
突出した存在感を示すケルン大聖堂。
ケルン中央駅を出るとすぐ目の前に迫る偉大な姿に圧倒される。
シンボルである高さ157mの尖塔も迫力満点だ。

2. ケルン中央駅そばにあるケルン大聖堂
photo by Judith Strücker

重厚と繊細が調和する世界最大のゴシック様式聖堂

1248年に建築が始まり、600年以上かけて1880年にやっと完成したゴシック様式の大聖堂。奥行き約144m、幅約86m、ゴシック様式の建築物としては世界最大といわれる。

ケルン大聖堂は、華麗な装飾も目を引く。バイエルン王が奉納したといわれるステンドグラス、中世のドイツ人画家シュテファン・ロホナーが描いた祭壇画など、重厚と繊細を高いレベルで調和させた芸術センスに息をのむ。

ドイツ

巡礼者を引きつける背景に東方三博士の遺骨の存在

中世、ケルン大聖堂が注目を集めるようになったきっかけは、東方三博士（誕生間もないイエスに祈りを捧げた3賢者）の遺骨が置かれたことにある。12世紀後半、神聖ローマ皇帝フリードリヒ1世がイタリア遠征の戦利品として三博士の遺骨を持ち帰り、大聖堂に奉じた。遺骨は中世最高峰と称される黄金細工の聖遺物箱に収められた。

これを一目見ようと、巡礼者が多く集まるようになり、大規模な聖堂が造られることになったといわれる。

3.ケルン大聖堂のステンドグラス
4.ケルン大聖堂のマリア像

300年の休息を経て建設再開、ケルンの誇りへ

15世紀から約300年、建設が止まった時期がある。理由の一つは資金難で、当時イタリア戦争などにより国が疲弊。しかも宗教改革で多数がローマ・カトリックからプロテスタントに改修し、寄進が減少した。また時代はルネサンス様式が主流になり、ゴシック様式は時代遅れに。再開されたのは1842年。行方不明になっていた一部設計図が発見されたのがきっかけ。その頃ナショナリズムが高まっていたこともあり当地の象徴に再び注目が集まったという。

POINT

中世ヨーロッパのキリスト教建築のおもな様式

建設当時の教会や聖堂を擁する中世ヨーロッパの街は多い。建築様式の特徴を知っておくとその建物のおおまかな年代がわかるのでぜひ知っておきたい。ルネサンス様式が発展した後の16世紀ごろからは、うねりのある複雑な装飾で華やかさを追求するバロック様式が主流となっていく。

年代	様式	特徴	代表例
11〜12世紀	ロマネスク様式	厚い壁、小さな窓、半円アーチの天井、柱頭の彫刻など	サン・トロフィーム教会（アルル、P86）
12〜16世紀	ゴシック様式	尖塔アーチの高い天井に、大きな窓やステンドグラスからの採光	ケルン大聖堂（ケルン）
14〜15世紀	ルネサンス様式	古代ギリシャ・ローマの建築を意識した古典的で均整の取れたデザイン、シンメトリー	サンタ・マリア・デル・フィオーレ大聖堂（フィレンツェ、P20）

1. 小ヴェネツィアとも称されるバンベルク photo by Berthold Werner

42 ドイツ

バンベルク市街

登録年・1993年 ｜ 分類・文化遺産 ｜ 登録基準・2、4

「第二のローマ」を目指した聖なる古都

ドイツの中南部、バンベルクはレーグニッツ川の中州に浮かぶようにみえる美しさから「バイエルンの真珠」の呼び名も。11世紀には司教座が置かれオットー朝の中心にもなった。千年前の様子をそのまま現代に披露するように街並みが続く。

中世ドイツ建築の傑作 バンベルク大聖堂

11世紀、後に神聖ローマ皇帝となるオットー朝ハインリヒ2世が建造したものを基に発展させた大聖堂。火災で焼失した部分の修繕や増改築などで最終的に完成したのは13世紀。後期ロマネスク様式で、高さ80m超の4つの尖塔が目を引く。「バンベルクの騎士」像など中世彫刻の傑作が見られる。ハインリヒ2世とその妻、1040

2. バンベルク大聖堂

ドイツ

3.川の上に建つ旧市庁舎 photo by Asio otus
4.アルテンベルク城 photo by Alistair Young

～1046年まで司教を務め、後にローマ教皇となったクレメンス2世がここに眠る。

市民のアイデアで完成した旧市庁舎

レーグニッツ川をまたぐ橋の上に建つゴシック様式の旧市庁舎。当時の司教が土地を融通してくれなかったため、やむを得ず中州を造って建物を乗せたという。伝統的な赤い屋根を冠した木造だが、壁一面に纏ったフレスコ画が印象を強くしている。現在、中は陶器博物館になっている。

景観美が堪能できる聖ミヒャエル教会

11世紀にハインリヒ2世が建てた聖ミヒャエル教会は、バンベルクの市街を見渡す丘の上に建っている。後に地震など災害に見舞われ幾度か修復・改築が行われており、現在の姿に辿り着いたのは数百年を経た18世紀になってからという。地下には15世紀に造られた聖オットーが眠る祭壇があり、通路にはハインリヒ2世をはじめとする縁深い聖人たちのレリーフが飾られている。

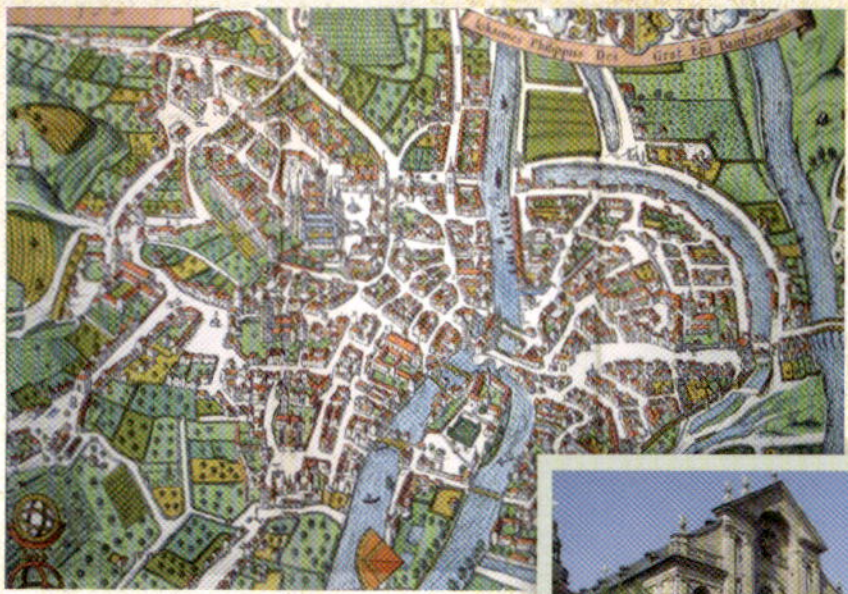

16世紀頃のバンベルク地図

聖マルティン教会

POINT

中世が保存された市街で歴史的教会を訪ね歩く

バンベルクは皇帝ハインリヒ2世が「第二のローマ」を目指し整備したともいわれるローマ・カトリックの拠点都市で、11世紀に造られた聖ヤコブ教会や聖マルティン教会、13世紀に起源する司教宮殿のアルテンブルク城、14世紀にできたといわれる聖マリア教会など歴史的価値を持つ建造物がいくつもある。

1.ドナウ川から見たレーゲンスブルク、左端は石橋シュタイネルネ・ブリュッケ photo by Regensburg

43 ドイツ
レーゲンスブルクの旧市街とシュタットアムホーフ

登録年・2006年 ― 分類・文化遺産 ― 登録基準・2、3、4

ドナウ川流域に栄えた中州の街

レーゲン川とドナウ川の合流地点にある古都レーゲンスブルク。中州のシュタットアムホーフが徒渉に役立ち古代から栄えた。神聖ローマ帝国の帝国自由都市として領主から独立し交易地として栄えた街の足跡を辿ることができる。

600年の後に完成したレーゲンスブルク大聖堂

街で最初に目に飛び込むのがこの大聖堂。現存する建物の建設開始は13世紀、巨大な尖塔の建設に長い年月を要し、完了したのは19世紀。最終的に、高さ約100mを誇る巨大なゴシック様式の建造物となった。中はステンドグラ

2.レーゲンスブルク大聖堂 3.レーゲンスブルク大聖堂内の礼拝堂 4.聖ウルリヒ教区教会 photo by Reinhold Moller

5.旧市庁舎 6.旧聖カタリナ慈善病院
photo by Rufus46

スの装飾が見事。起源が8世紀まで遡るという礼拝堂も残っている。

街の歴史を記録する 聖ウルリヒ教区教会

大聖堂のすぐそばに聖ウルリヒ教区教会がある。13世紀建立、ドイツで最古級のゴシック様式の教会といわれる。博物館として内部が公開されており、当時の宗教芸術などを見学できる。

ガイドツアーで学ぶ 旧市庁舎（博物館）

13～14世紀のレンガ造りの建物で、17世紀には神聖ローマ帝国の議会も開かれた。現在は帝国議会博物館。大小会議室のほかに拷問室や地下牢など貴重な歴史資料が残っている。

十字軍も渡った石橋 シュタイネルネ・ブリュッケ

シュタイネルネ・ブリュッケはドイツ語で「石橋」の意。12世紀半ばの建造で、長さ約300m、巾約8m。現存するドイツの石橋で最古級であり、中世橋梁建築の傑作と称される。1189年、神聖ローマ帝国フリードリヒ1世率いる十字軍の騎士たちが聖地エルサレムを目指してこの橋を渡った。

シュタットアムホーフの 聖カタリナ慈善病院

レーゲンスブルク旧市街の対岸の中州がシュタットアムホーフという街。13世紀建立の聖カタリナ慈善病院が世界遺産となっている。

帝国自由都市として栄えたレーゲンスブルクの街並み

POINT

皇帝直属の帝国自由都市とは

レーゲンスブルクは中世、神聖ローマ帝国に認められた帝国自由都市だった。そうした都市は領主や司教ではなく皇帝が直轄し、基本的に納税や軍役などを負担する代わりに自治を手にした。自由に経済活動を行い、帝国議会に影響を及ぼすこともあった。

ザルツブルク市街の歴史地区

44 オーストリア

登録年・1996年 ― 分類・文化遺産 ― 登録基準・2、4、6

1.城に守られた旧市街

数々の教会が立ち並ぶ「北のローマ」

オーストリアの北、ドイツとの国境に近いザルツブルクは
中心部を流れるザルツァッハ川で街が二分されている。
川の西側が、司教都市としての歴史を物語る旧市街。
ドイツとイタリアの文化が交わる街ならではの景観に出会える。

山頂にそびえる白い要塞 ホーエンザルツブルク城

旧市街の南端、メンヒスベルク山の頂に堂々と構えるホーエンザルツブルク城は1077年、神聖ローマ皇帝とローマ教皇の覇権争いの中、ゲプハルト大司教がローマ教皇派の城塞として築いた。いかにも堅牢ないでたちと、大砲などの武器を多く集めたことから白い要塞と呼ばれたという。

現在は城塞の博物館になっており、大司教が暮らした豪華な居室などのほかに、礼拝堂、見張り台、魔女狩り

2. 山頂に建つホーエンザルツブルク城

オーストリア

3.ザルツブルクの小路 4.通りの看板が個性的 5.建物がひしめくゲトライデガッセ

に使われたという拷問器具や武器、楽器など興味深い歴史資料が見られる。

中世にタイムスリップ ムード満点のガッセ

旧市街にはいくつものガッセが通っている。ガッセはドイツ語で「路地」「小径」の意で、ザルツブルクの街が司教区となった700年頃から整備され始めたといわれる。小さな通りながら司教都市として栄えた歴史を裏付けるように、高い美意識を感じさせる瀟洒な建物がいくつも残っている。

個性的な看板が楽しい ゲトライデガッセ

ガッセの中で旧市街のメインといえばゲトライデガッセ。通りの両側に高級ブティックや宝石店から雑貨店などまで多種多様な店が並び、人々で賑わう。各店の凝ったデザイン看板を見て回るのも楽しい。モーツァルトの生家もこの通り沿いにある。

POINT

窓から覗くザルツブルク市街

華やかな街「北のローマ」

ザルツブルクの地名は「ザルツ（塩）」の「ブルク（城）」が由来という。塩は古くから「白い黄金」と言い換えられるほど高価で、当地での岩塩の採取は大きな富をもたらした。地域が賑わい多くの人々が集まると教会がいくつも建ち、周辺からは「北のローマ」と憧れられた。

6. ザルツブルク大聖堂 **7.** ザルツブルク大聖堂内部

大司教の権威を示す ザルツブルク大聖堂

774年、大司教の聖ウェルギリウスがメンヒスベルク山のふもとに建てた大聖堂。当初は前期ロマネスク様式だったが12世紀に後期ロマネスク様式に改築され、17世紀になって現在のバロック様式となった。

大聖堂内部には広々とした空間があり、現在、毎日昼にオルガンによるコンサートが開かれている。モーツァルトも奏でたというオルガンの音を当時と同じ空間で聞けるのは感動的だ。

映画の舞台にもなった ノンベルク修道院

8世紀初頭、聖ルパートの下で建てられた女子修道院。ベネディクト派の修道院で、赤い帽子を被った尖塔がシンボルマーク。ドイツ語圏においては最古の女子修道院といわれる。修道院内部は公開されていないが、教会は見学可能で、礼拝堂を飾る聖母子像や繊細な彫刻が施された主祭壇を見ることができる。ミュージカル映画「サウンド・オブ・ミュージック」の舞台としても知られている。

ロマネスクの香り漂う 聖ペーター僧院教会

聖ルパートが7世紀終盤、ノンベルク修道院に先だって建てた男子修道院に附属する教会。内部は白を基調としているが、身廊の壁や天井に聖ペトロを描いたものなど多くのフレスコ画が飾られていて華やか。中世に制作された聖カタリナ礼拝堂や聖マリア礼拝堂などが残っている。敷地内にあるカタコンベはザルツブルクで指折りとさ

8. 赤い尖塔のノンベルク修道院 **9.** ノンベルク修道院入り口 **10.** 聖ペーター僧院教会内部 photo by Andrew Moore **11.** 聖ペーター僧院教会 photo by Ich

れる美しい墓地であり、有名な音楽家ハイドンの弟で作曲家のミヒャエル・ハイドンやモーツァルトの姉ナンネルといった著名な人物が眠っている。

ザルツブルクの歴史の象徴 フランシスコ会修道院聖堂

ザルツブルクで最古級とされる教会堂で、ザルツブルク大聖堂より前の8世紀初頭の創建といわれる。12〜17世紀の間はザルツブルクの司教区教会でもあった。13世紀、火災により当初の建物の大部分を焼失してしまったため、現在の姿は後に再建・増改築を経たものだが、身廊など内側の一部には中世の建築様式の名残も見られる。

モーツァルトの音が響いた ザルツブルク大司教宮殿

もともとは12世紀以降の大司教が住んだ邸宅。ルネサンス様式の宮殿として整備されたのは16世紀になってから。大司教ヴォルフ・デートリッヒ・フォン・ライテナウが絶大な権力を行使した。モーツァルトが大司教のために演奏した広間など200近くある部屋はいずれも豪華絢爛。現在はコンサートなどイベントにも使われている。

12.フランチェスコ会修道院聖堂 13.フランチェスコ会修道院礼拝堂

POINT

伝統的な祭りは民族衣装とダンス

ザルツブルクでは毎年秋に恒例の祭り「ルペルティキルターク」が大聖堂前の広場をメイン会場に開かれる。守護聖人ルパートを祝う祭りで、起源は8世紀とされる。広場には郷土料理や地ビールなどの露店が並び、訪れた人々は伝統的な味に舌鼓を打つ。民族衣装のディアンドルやレーダーホーゼに身を包んだ人たちの踊りが披露されると、祭りは一層盛り上がる。

ビール文化が浸透するザルツブルク

民族衣装のディアンドル
photo by Nemoralis

45 オーストリア

ウィーン歴史地区

登録年・2001年 ― 分類・文化遺産
登録基準・2、4、6 ― 危機遺産（2017年〜）

1. ウィーン歴史地区の中心部

ハプスブルク家が華開かせた王宮の都

オーストリアの首都ウィーンはドナウ川を利用した交易で早くから栄えたが、急成長するのは13世紀後半から。神聖ローマ帝国皇帝となったルドルフ１世のハプスブルク家がウィーンを支配すると、帝都として発展の勢いを増した。

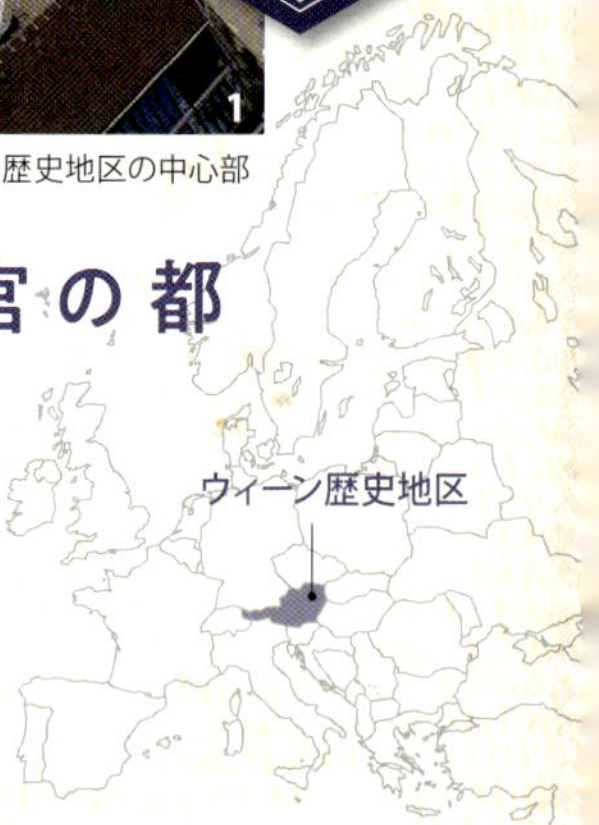

ウィーンのランドマーク シュテファン大聖堂

12世紀から建設が進み、14〜16世紀に現在の姿となった大聖堂。外観はゴシック様式だが最も古い正面入り口の門にはロマネスク様式が残る。南塔の高さは137mというスケールの大きさで、地元の人々には「ウィーンの魂」とも呼ばれ愛される、当地のシンボル的存在。聖堂にはハプスブルク家の歴代君主が眠っている。モーツァルトの結婚式が行われたことでも知られる。

2. ハプスブルク家の歴代君主が眠るシュテファン大聖堂

ハプスブルク家が愛したホーフブルク王宮

13世紀以降、約600年もの間ハプスブルク家が居住した王宮。富と権力の象徴として広大な敷地に18棟、2500を超える部屋が設けられた。もとはハプスブルク家の前にウィーンを治めていたオタカル2世の王宮だったが、ルドルフ1世が増改築し一族の住居とした。その後も手が加えられて現在の姿に。ハプスブルク家とウィーンの歴史を知る上で貴重な資料である。

3.王宮礼拝堂のウィーン少年合唱団photo by My Past 4.ルプレヒト教会 photo by Johngrosshans

歴代の王が祈りを捧げた神聖なる王宮礼拝堂

王宮の中でぜひ見学しておきたい一つは礼拝堂。王宮内最古13世紀の建造とされるスイス門（スイス人衛兵に由来）奥に、フリードリヒ3世が15世紀に造った礼拝堂がある。その荘厳な佇まいは歴代の王が祈りを捧げた光景を想像させる。マクシミリアン1世が起こしたウィーン少年合唱団が今も日曜などに「天使の声」を披露している。

時代の変遷を映し出す現存最古のルプレヒト教会

神聖ローマ帝国の帝都として多くの教会が建てられた中で最古の教会。貴重な交易品・岩塩の守護聖人ルプレヒトを奉る目的で740年に造られた。シュテファン大聖堂ができるまでの教区教会でもあった。増改築により、ロマネスク様式、ゴシック様式、バロック様式と各時代の様式が反映されているのも歴史を顧みる点で趣深い。

POINT

ウィーンの歴史はハプスブルク家の歴史

11世紀に歴史に登場したハプスブルク家はルドルフ１世以降ウィーンで権力とともに都を拡大していった。家訓は「闘いは他のものにさせるがよい。汝幸あるオーストリアよ、結婚せよ」で政略結婚を力に変えた。女帝マリア・テレジアの娘マリー・アントワネットがフランスのルイ16世に嫁いだのは有名。なお、産業革命後に人口が増えた都を現在のように整備したのは実質最後の皇帝となったフランツ＝ヨーゼフ1世。

ホーフブルク王宮 概要

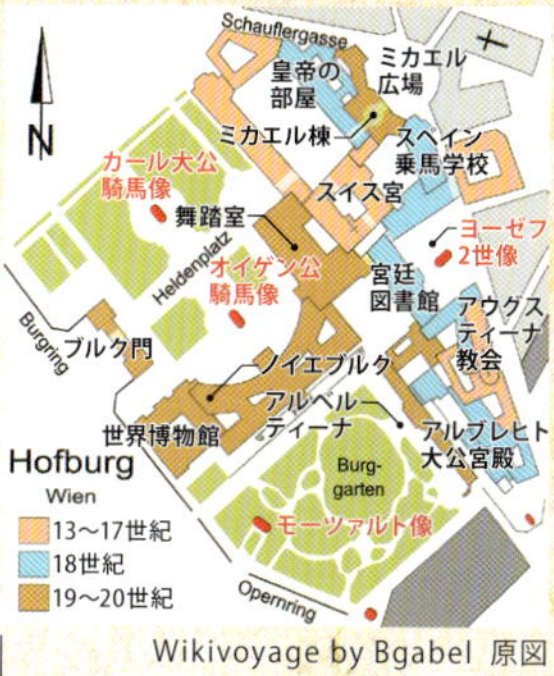

Wikivoyage by Bgabel 原図

46 オーストリア

グラーツ市歴史地区とエッゲンベルグ城

登録年・1999年、拡張・2010年 ― 分類・文化遺産 ― 登録基準・2、4

1.グラーツ市歴史地区

ハプスブルク家が愛した気品漂う街

「中欧で最も完全な歴史的旧市街」と称されるグラーツ。オーストリア第2の都市として発展。各時代の建築様式を反映しながらも、中世後期の神聖ローマ皇帝・フリードリヒ3世の時代の建造物が残る。

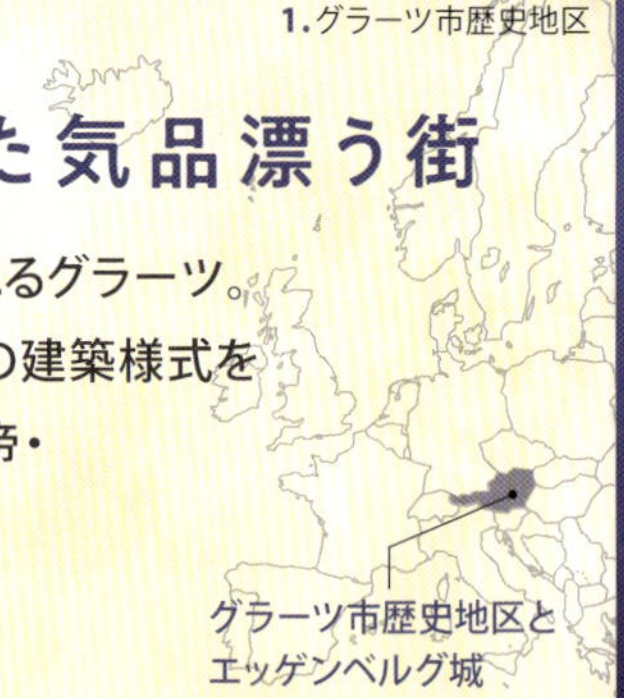

貴重な聖遺物箱を保存 グラーツ大聖堂

15世紀中頃、ハプスブルク家出身のフリードリヒ3世が宮廷聖堂として建設した、この地で当時を代表する建物。現在、内部は優美なバロック様式に改修されているが、当初は内外ともに後期ゴシック様式だったという。

見どころは南西側の壁に残るフレスコ画で、15世紀終盤にグラーツに起きた3災厄、イナゴの大発生、ペストの流行、トルコ軍の襲来が描かれている。祭壇の側にはイタリア・マントヴァで造られたという、殉教者の骨が収められた聖遺物箱も残っている。

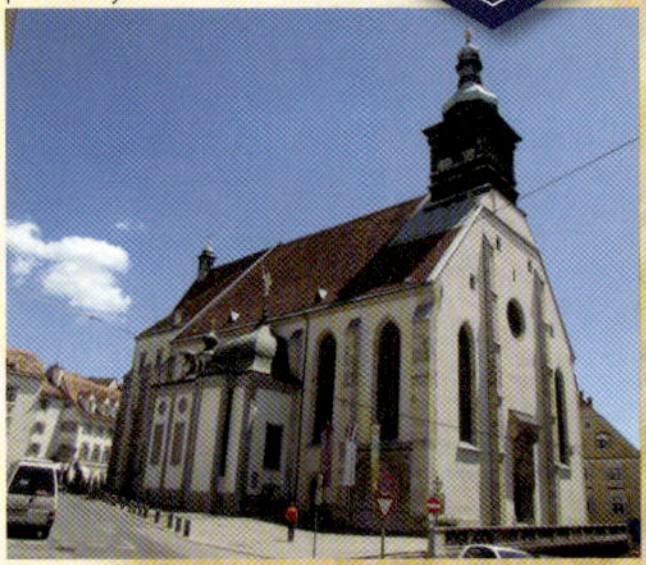

2. グラーツ大聖堂
photo by Cezar Suceveanu

3.シュロスベルクの城砦の時計塔 4.二重螺旋階段
5.州知事官邸

文字盤の直径は5m 街の隆盛期にできた時計塔

グラーツの小高い丘の上、グラーツの発展の礎となったシュロスベルク城は19世紀初頭のナポレオン戦争により破壊されたが、当時の面影を残すシンボルとして時計塔が残っている。改修されて現在の姿となっているが元々は13世紀頃、街の隆盛期に造られたそう。時計塔がある公園の丘の上からグラーツの歴史地区を一望できる。

州知事官邸に残る王宮時代の螺旋階段

州知事官邸は、元はフリードリヒ3世が暮らした王宮だった。何度も修繕・改築が繰り返され、内外ともに当時の姿は留めていないが、唯一、15世紀末に造られたというユニークな二重の螺旋階段を見ることができる。絡み合う2本の階段が途中で二手に分かれ、後に再び合流するというユニークな構造で、ゴシック建築の秀作と評される。

POINT

エッゲンベルク城

グラーツ大学

エッゲンベルク城など数百の歴史的建造物

グラーツには中世以降に造られた歴史的建造物も多く、一説には数百にも上るといわれる。16世紀のグラーツ大学や旧イエズス会神学校、州庁舎などのほか、世界遺産として拡大登録された17世紀のエッゲンベルク城もその一つ。グラーツの近世を知る上で見ておきたい大切なポイント。

47 スイス

ベルン旧市街

登録年・1983年 ― 分類・文化遺産 ― 登録基準・3

1. 美しいアーレ川とベルン旧市街

自然の「堀」で守られた美しい街

ベルン旧市街は12世紀、アーレ川にひづめ形に囲まれた森林を、
領主であったツェーリンゲン家が開拓したことに起源する。
1405年の大火で再建の必要に迫られたものの、
後の戦禍を回避できた街は大聖堂と古い家並みを残した。

2. 時計塔

ベルン市民に愛される ツィットグロッゲ

ベルン駅を出て街のメインストリートを東へ向かうと、マルクト通りとクラム通りの境目でツィットグロッゲに出会う。ドイツ語で「時計塔」の意。高さ約54m、13世紀に造られた塔で、16世紀になって天文時計とからくり時計が備えられた。スイスで最古級の時計塔という。からくり時計は1時間毎、ちょうどの時刻の4分前に動き出す。

スイスならではの アーケード・ストリート

旧市街を独特な風景にしている要素の一つに「ラウベン」がある。連なる

スイス

3.旧市街の高台に建つコレジアル教会 photo by Ikiwaner
4.ベルン旧市街のメインストリート 5.ベルン大聖堂

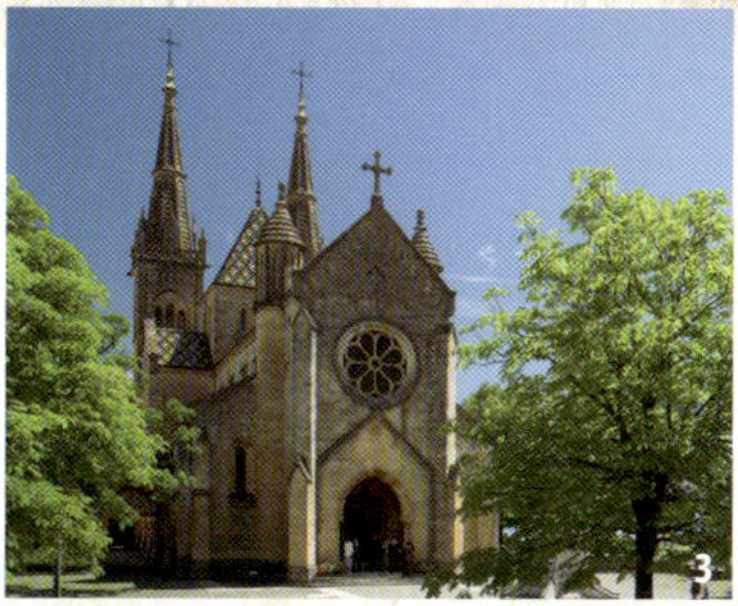

建物の1階がくり抜かれたようにつながって、アーケード・ストリートになっている。総距離は約6kmにおよびヨーロッパ最長といわれる。ストリートにはブティックやギャラリー、アンティークやハンドメイドショップなど多種多様の店があり、多くの地元・近隣市民と観光客で賑わっている。

スイス一高い尖塔 ベルン大聖堂

ベルン旧市街の最大の見どころは大聖堂。初期のものが1405年に大火に見舞われたため、1421年に再建開始、約470年をかけて完成させた。後期ゴシック様式を用いた重厚な建造物で、ひときわ目を引く尖塔は高さ約100m、スイス最高を誇る。正面扉を飾る彫刻「最後の審判」、聖書に関連したステンドグラス、緻密に描かれた美しい宗教画は見逃せない。

クロイツガッセ噴水

熊の噴水

POINT

個性的な噴水たち

ベルン旧市街には、その地形の恩恵を得て中世から近世にかけて造られた噴水、水飲み場が100ヵ所以上ある。代表的なのはツェーリンゲン公が街のシンボルである熊の格好をした噴水。他に正義の女神ユスティティアや旧約聖書の登場人物など個性的なものが点在しているので注目しながら散策してみるといい。

48 スイス

ベリンツォーナ旧市街にある3つの城、要塞及び城壁

登録年・2000年 — 分類・文化遺産 — 登録基準・4

1.カステッロ・ティ・モンテベッロと城壁

険しい山を後ろ盾に城が街を守る

アルプス山麓、イタリアとドイツ・フランスをつなぐ重要ルートが集まる街。この街を境にフランス・ドイツ圏とイタリア圏が覇権を争った。度々変わる支配国によって頑強な城が築かれ、その守備力は中世の間に一層強化された。

堂々の構えで威圧 グランデ城

旧市街のほぼ中央で威厳を示すグランデ城は13世紀建造。世界遺産に登録された3つの城の中で最も古い。砦内にあったとされる城そのものは残っていないが、ネラとビアンカという高い塔の存在感から、いかに強大で防御に重責を果たしたかが想像できる。城内に考古学・歴史博物館が併設されている。

2.カステルグランデと城壁 photo by H005

ベリンツォーナ最強 モンテベッロ城

グランデ城の向かいに13～14世紀に建てられた小さな城。飾り気のない外観が逆に頑強な印象を与える。場内は簡単に敵の侵入を許さない複雑な構造になっており、実際難攻さは随一だったという。現在は市立博物館として紀元前からの街の歴史を紹介している。

街と市民の監視役 サッソ・コルバロ城

2つの城から少し離れた丘の上、ベリンツォーナの渓谷を見下ろす場所に3つめの城として15世紀に建てられた。わずか6ヵ月で完成したという説もある。旧市街を見渡すのに最適なポイント。城内にはかつての貴族の暮らしぶりなどを紹介する博物館がある。

敵の侵入を見逃さず 守りを固めた壁・ムラータ

グランデ城とモンテベッロ城の間、街を取り囲むような城壁も見どころ。サッソ・コルバロ城とあわせて、アルプスの戦略的拠点を守る中世後期の城塞モデルとして世界遺産になっている。城壁は約400mあるという。

3.カステッロ・ディ・モンテベッロ photo by I, Clemensfranz
4.カステッロ・ディ・サッソ・コルバロ photo by I, Clemensfranz
5.幅広い城壁 photo by SteFou!

POINT

スイスの中のイタリア

そもそも地理的にイタリアに近く、古くからさまざまな影響を受けてきたベリンツォーナ。14世紀にはイタリア・ミラノ公国の支配となり、16世紀からはスイス盟約者同盟の統治下へ。イタリア色が濃くなり「スイスの中のイタリア」と呼ばれれるようになった。イタリア語が公用語で、街にはイタリア風のアーチ型回廊の教会や白壁の家が多く残る。

ベリンツォーナの街並み photo by Jungpionier

1.エディンバラの旧市街と新市街

49 イギリス

エディンバラの旧市街と新市街

登録年・1995年 — 分類・文化遺産 — 登録基準・2、4

スコットランド王国の中心地

エディンバラは王国時代からのスコットランドの首都。旧市街には、エディンバラ城からホリルード宮殿までの1マイル（約1.6km）の道、通称ロイヤル・マイルがありその石畳の道沿いに複数の歴史的建物が見られる。

2. エディンバラ城 photoby Saffron Blaze

数々の戦を経て役割を変えたエディンバラ城

海抜130m、旧市街に鎮座する岩山キャッスル・ロックに建つエディンバラの象徴。11世紀、『マクベス』でも有名なスコットランド王マルカム3世の頃から存在が記され、以降、歴代の王が居住したが、15世紀にイングランド軍との紛争が激化すると武器庫や兵器工場に利用されたため、王が1マイル先にホリルード宮殿を建設。居城の役割をそちらに譲った。

小さくても美しさは格別聖マーガレット教会堂

城内で最も古いとされる12世紀の

建物。マルカム3世の子・デイヴィッド1世が母マーガレットを祀るために建てたという。敬虔なカトリック教徒だったマーガレットは後に列聖されて聖人となった。教会は宗教改革の際に荒廃したが現在は修復されている。

国王の気分に浸る ホリルード宮殿

ホリルード修道院の横にデイヴィッド1世が建てた宮殿。修道院は議会などにも度々使用され、次第に王が居住するようになったことから、後に王宮が建てられた。中には歴代の王の肖像画が飾られている。王族の結婚式などセレモニーに多く利用され、現在も英国王室宮殿として使われている。

美しい装飾が見もの 聖ジャイルズ大聖堂

ロイヤル・マイルのほぼ中間にある大聖堂。建設当時はロマネスク様式であったが、後に火災に遭いゴシック様式で再建された。宗教改革によるカトリックの排斥を受け内部の装飾の多くを失したが、当地を代表する大聖堂。

3.聖マーガレット教会堂
4.聖ジャイルズ大聖堂内のステンドグラス photo by Jenni Douglas

エディンバラ旧市街・新市街の位置

POINT

時代の変化を反映する新市街

旧市街とともに世界遺産となっている「新市街」は18世紀の都市計画に基づき整然と区画されたエリアで、旧市街とは趣を異にする。国立スコットランド美術館やスコットランド国立肖像画美術館など近代的文化施設があり、18～19世紀に流行した左右対称を特徴とする新古典主義の一派ジョージアン様式と呼ばれる建築物が並ぶ。

50 イギリス

ロンドン塔

登録年・1998年 ― 分類・文化遺産 ― 登録基準・2、4

1.上から見たロンドン塔 photo by Chris Sampson

ロンドンの光と闇の舞台

ロンドン塔は通称シティと呼ばれるロンドンの中心地区にある。イングランドを征服したノルマンディー公ウィリアム１世が、反乱戦力を監視するために、見通しの利くテムズ川北岸の砦跡に建設した要塞だ。16世紀まで、歴代の王がここに居住した。

ローマ時代の砦跡に塔・城壁・宮殿を建築

ロンドン塔があるシティ（正式にはシティ・オブ・ロンドン）は、1世紀頃にローマ人が築いた城塞都市ロンディニウムがあった場所。ヨーロッパ大陸に近く、水運も利することから商都として栄えた。1066年、ウィリアム1世がイングランドを制すると手薄な商都の守備固めとしてロンドン塔を造り始めた。塔の名を冠するが実体は重厚を特長とするノルマン様式の軍事施設であった。

11〜16世紀の王が座したホワイト・タワー

城壁内の中心に建つ城は、石灰岩を

2.城壁の内側 photo by Doug Kerr

原料とする白壁の印象からホワイト・タワーと呼ばれる。高さ約27m、内部は4層構造。11〜16世紀にかけての歴代王がここに居住し、軍事会議を開いたほか、晩餐会などを催した。長い年月を重ねる中で徐々に拡張・整備も行われ、礼拝堂などもできていった。

覇権を争う王室の闇の物語の舞台

15世紀以降、ロンドン塔は王室の覇権争いの舞台にもなった。幼いエドワード5世と弟ヨーク公リチャードが即位してすぐに政敵に幽閉されたのは有名。16世紀には、ヘンリー8世により2番目の王妃アン・ブーリンと5番目の王妃キャサリンハワードが、その後も王室関係者や宗教革命の関係者が何人も罪を着せられ幽閉・処刑された。

塔に棲みつく飛べないカラス

17世紀からロンドン塔では大型のカラスが飼われている。当時の王チャールズ2世が駆除しようとすると「カラスがいなくなったら塔は崩れ、イギリスがなくなる」と予言が告げられたとか。

3.ロンドン塔・中心に建つホワイト・タワー photo by pikous - flickr.com **4.**ヘンリー8世 **5.**ロンドン塔のカラス photo by ahhhnice

POINT

中世の街の面影を残すもう一つの地区

ロンドンにおいてシティと対を成す地区がシティに程近いテムズ川上流のウエストミンスター。11世紀のウィリアム１世統治以来、歴代王の戴冠式が行われることになったウエストミンスター寺院、時計塔「ビッグ・ベン」を併設するウエストミンスター宮殿、一般の信者にも開かれた聖マーガレット教会などがある。主に政治が執り行われた地区であり、17世紀のピューリタン革命の起点にもなった。

ウエストミンスター寺院（左）と宮殿

イギリス

51 イギリス バース市街

登録年・1987年 ― 分類・文化遺産 ― 登録基準・1、2、4

1. バース修道院
2. 西壁にある上り道の天使 photo by Brian Robert Marchall

紀元前から湯を絶やさない保養の地

ロンドンの西、バースは紀元前から温泉が湧出することで知られ
古代ローマ帝国の時代には一大保養地として盛り上がった。
5世紀になってローマ人がいなくなると衰退したものの
温泉は使われ、7世紀には療養所を兼ねた修道院ができている。

3. バースには世界で最も美しい集合住宅とわれるロイヤル・クレセントがある　※建てられたのは中世以降

バース・アビー周囲に広がる観光ポイント

街の中心に建つバース・アビーは7世紀に造られたバース修道院の附属寺院。10世紀、初の統一イングランド王エドガーの戴冠式がここで開かれた。現在の建物は15世紀の建造で、外観を飾る「天国への梯子」など手の込んだ装飾が印象的。周辺にローマン・バスなど見どころが点在する。

POINT

温泉はローマ人のリゾートであり社交場

バースの温泉の歴史は博物館「ローマン・バス」で知ることができる。古代ローマ帝国の時代には温水プールやサウナ、マッサージ部屋まであったなど、当時の様子や人々の生活を知る資料が展示されている。館のメインである大きな浴槽には今も温泉が沸いているが入浴はできない。

ローマン・バス

第3章

北欧

Northern Europe

1.高台から望むタリンの旧市街

52 エストニア

タリン歴史地区

登録年・1997年、範囲変更・2008年 ― 分類・文化遺産 ― 登録基準・2、4

バルト海の商業と防衛の街

エストニアの首都タリンは、13世紀にデンマーク王が占領し、城塞を建築。その後ドイツ人が入植し、ハンザ同盟への加盟をきっかけに繁栄した。商業都市らしい色鮮やかな街並みと外敵の襲撃に備える強固な城壁が現在まで残されている。

2.トームペア城 photo by Kaupo Kalda 3.13世紀に建設された市庁舎 photo by Ivar Leidus

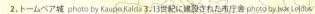

タリンの街を一望できるトームペア城

トームペア城は、かつてエストニア人の砦があった高さ24mの丘の上にデンマーク王によって建てられた。以降、歴代支配者の住まいとなり、現在は国会議事堂として使用されている。

南側の塔「のっぽのヘルマン」は、約50mの高さを誇り、エストニア国旗が掲げられる象徴的な存在である。

4.城壁の残る旧市街 photo by Diego Delso, 5.ふとっちょマルガレータphoto by Ana Paula Hirama

城壁に囲まれた旧市街

タリンの旧市街には、中世に築かれた石造りの堅牢な城壁が今もそびえ立ち、歴史的な趣を保っている。広場にある市庁舎は1404年に現在の形に改築され、北欧で唯一残るゴシック様式の市庁舎として知られている。

ユニークな砲塔ふとっちょマルガレータ

海よりの攻撃から旧市街を守る砲台として建てられた塔「ふとっちょマルガレータ」。監獄として使用されていた頃に囚人を世話していた女将さんにちなんで名付けられたといわれる。現在は海洋博物館になっている。

POINT

ベルント・ノトケ作「死の舞踏」

激動の中世を象徴する名画「死の舞踏」

タリンを代表する博物館・聖ニコラス教会には、15世紀の絵画「死の舞踏」が残されている。法王や皇帝らがガイコツと踊る姿が、階層を問わず平等に訪れる死を暗示しており、中世末期の社会性を表す「ダンス・マカブル」と呼ばれるテーマの代表的な作品である。

53 ラトビア

リガ歴史地区

登録年・1997年 ― 分類・文化遺産 ― 登録基準・1、2

1.「バルト海の真珠」とも称されるリガ旧市街

バルト三国で最大の大都市

ラトビアの首都リガは、ハンザ同盟の東の拠点として、ロシアとの貿易も担った交易都市。旧市街には中世ドイツの商業都市の構造が今も色濃く残り、当時の人々の暮らしぶりを随所に感じられる。「バルト海の真珠」とも称されるその美しい景観は必見。

2. ダウガワ川沿いに建つリガ城 photo by Jorge Franganillo

3.通称「ドーム教会」として知られるリガ大聖堂 4.豪華な外観が存在感を放つブラックヘッドの館 photo by Dan

市民と騎士団の対立が生んだリガ城

13世紀、ドイツ騎士団がリガに入植したものの、市民との対立で騎士団の城が破壊された。その後、市民が敗北し、代償として築かれたのがリガ城とされている。この城はポーランド、スウェーデン、ロシアの各支配者の住居を経て、現在はラトビア大統領府と国立歴史博物館として使われている。

多様な建築様式の見本市 リガ大聖堂

1211年に建設がはじまった、バルト三国に現存する最古で最大規模の教会。当初はロマネスク様式で建てられたが、時代の流れとともにゴシックやバロック様式へと改築され、多様な建築様式が調和する美しい建物となった。

裕福な商人の舞踏会会場 ブラックヘッドの館

1334年に商人ギルドなどが会議や宴会を行う場所として建てられた。建物の正面は豪華な彫金装飾と時計で飾られ、時計の下にはギリシア神話に登場する神像が配置されている。第二次世界大戦中に爆撃で破壊されたが、1999年に忠実に再建された。

毎年大勢の観衆が訪れる「歌と踊りの祭典」 photo by Dainis Matisons

POINT

神話と共に紡がれる音楽の伝統

ドイツ騎士団によるキリスト教布教以前、リガではバルト地域独特の神話が信仰されていた。神話的歌謡や民謡は今も受け継がれ、その高い音楽熱は無形文化遺産に指定された「歌と踊りの祭典」などで広く知られている。

54 フィンランド

ラウマ旧市街

登録年・1991年、範囲変更・2009年／分類・文化遺産
登録基準・4、5

1.ラウマ旧市街の街並み

カラフルな木造家屋が紡ぐ中世の街並み

1442年を起源とし、海上交易の拠点として栄えた港町。
スカンジナビア半島最大規模の約600軒の木造家屋群は、
北欧の伝統的な建築技術を維持しており、都市計画も
中世のまま今に残されている。

鮮やかな色彩と個性が光る木造家屋群

北欧の伝統的な建築技術で造られた木造家屋群は鮮やかな色彩で塗られ、約600軒の色やデザインはすべて異なる。窓の二重構造などの防寒対策も施され、現在も多くが一般市民の私宅として使用されている。

2.カラフルな家々が並ぶ細い路地 photo by Ninara

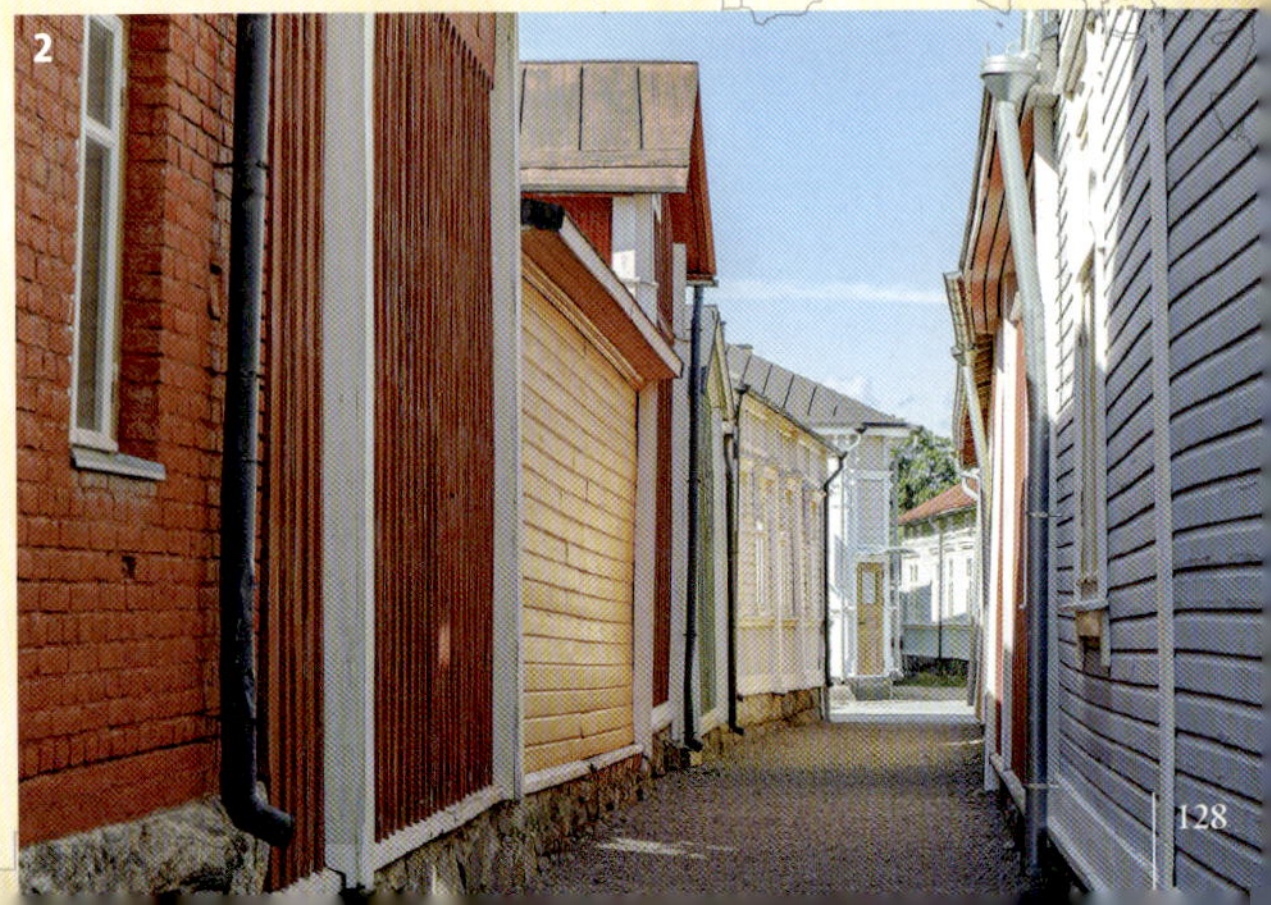

中世から残り続ける聖十字架教会

旧市街では数少ない石造建造物の一つ。元はラウマ発展の中心であり、教育や宗教指導を担ったフランシスコ会修道院の一部だった。内部には美しいフレスコ画が残り、祭壇上部の天井にはイエスの生涯が描かれている。

商業の中心を担ったカラトリ広場

中世における商業の中心地で、現在も伝統的な商店が並び、イベントやマーケットが定期的に開催される。聖十字架教会とともに重要な役割を果たし、17世紀に失われた聖三位一体教会の遺構も残るなど、ラウマの豊かな歴史を感じられる。

3.聖十字架教会の天井に描かれたキリストの生涯 photo by Ninara 4.聖三位一体教会の遺構 photo by BishkekRocks

ボビンレース

POINT

「糸の宝石」とも呼ばれるボビンレース

16世紀に誕生したボビンレースは、18世紀以降、ラウマの主要産業となり、その模様の繊細さで周辺国にも輸出されるほどの人気を博した。今でも伝統工芸品として親しまれ、毎年夏に「ラウマ・レース・ウィーク」というイベントが盛大に開催されている。

55 ノルウェー

ブリッゲン

登録年・1979年 ― 分類・文化遺産 ― 登録基準・3

1. ブリッゲンの港

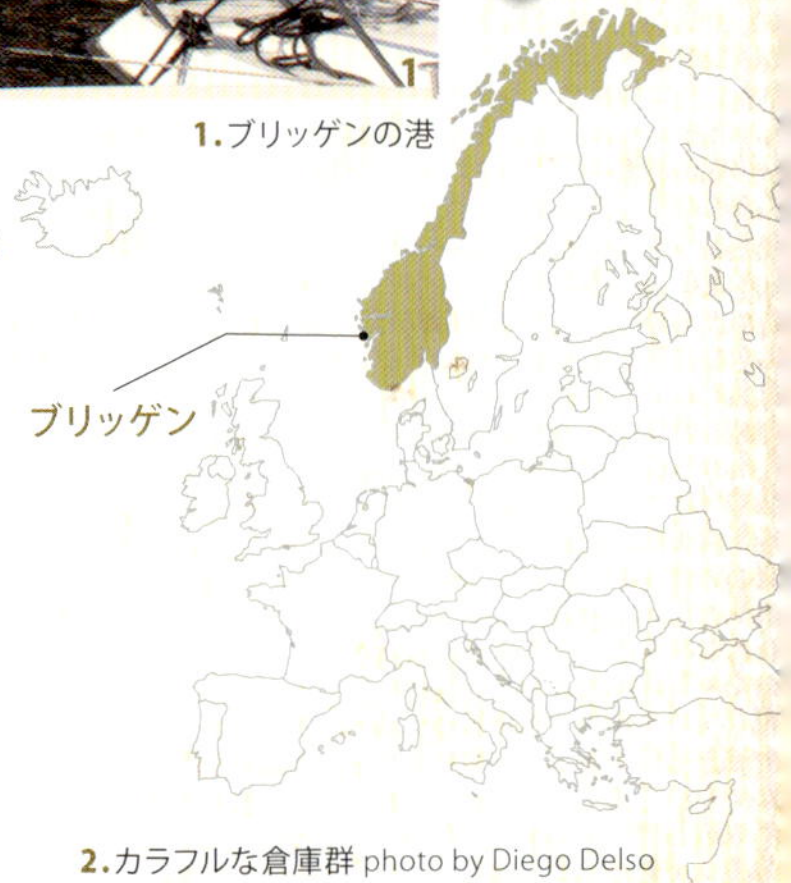

中世商人の工夫が光る倉庫街

ノルウェー第2の都市ベルゲン内にある倉庫地区。
中世に北欧最大規模を誇った貿易港に隣接し、
ハンザ商人の拠点として賑わった名残が見られる。
幾度も火災に見舞われながらも、当初の図面を元に
再建され、中世の景観を保っている。

2. カラフルな倉庫群 photo by Diego Delso

3.2本の塔を備える聖母マリア聖堂 photo by Paul Arps
4.ショートスチューエネの内観 photo by David Clay

カラフルな街並みが楽しい旧市街

港に面して、かわいらしい三角屋根のカラフルな木造家屋が密集して並んでいる。これらはハンザ商人によって活用された倉庫や住居、商館で、当時の商業活動の中心地となった。細い路地の床は荷を運ぶ車両を動かしやすいよう木材が板張りされているなど、その痕跡が随所に見られる。

2本の塔がシンボル聖母マリア聖堂

ベルゲンに現存する最古の石造りの教会で、12世紀に建てられた。ハンザ商人などドイツ系住民を中心に利用され、祭壇には15世紀の北ドイツ製のリードス（祭壇屏風）が現在も飾られている。高台に位置し、2本の塔が港からもよく見える。

ハンザ商人が集ったショートスチューエネ

14世紀にハンザ商人の共同財産として、ブリッゲンのすぐそばに建てられた会議所。火の使用を特別に許可された場所で、暖炉が設置され、調理や食事も行われた。現在はハンザ博物館の一部として公開され、当時の生活様式を学べる展示が観光客に人気である。

POINT

ブリッゲンを象徴する木彫りの干しダラ

ハンザ商人繁栄のカギは「干しダラ」

ブリッゲンのハンザ商人は、保存食として重宝された北ノルウェー産の干しダラを独占的に取引し、ヨーロッパ全土に輸出することで巨利を得た。ブリッゲンにはこの歴史を象徴する木彫りのオブジェも置かれている。

56 スウェーデン

ルーレオーのガンメルスタードの教会街

登録年・1996年　分類・文化遺産　登録基準・2、4、5

1.冬のガンメルスタードの教会街 photo by Mark Hakansson

巡礼者が集った北の歴史的教会街

ルーレオーは交通の要衝となった港湾都市。その内陸部・ガンメルスタード地区には、15世紀に建てられた壮麗な石造りの教会を中心に400棟以上の赤い木造コテージが並ぶ。スカンジナビア半島の伝統的な街並みが保存され、訪れた人をおとぎ話の中のような風景に誘う。

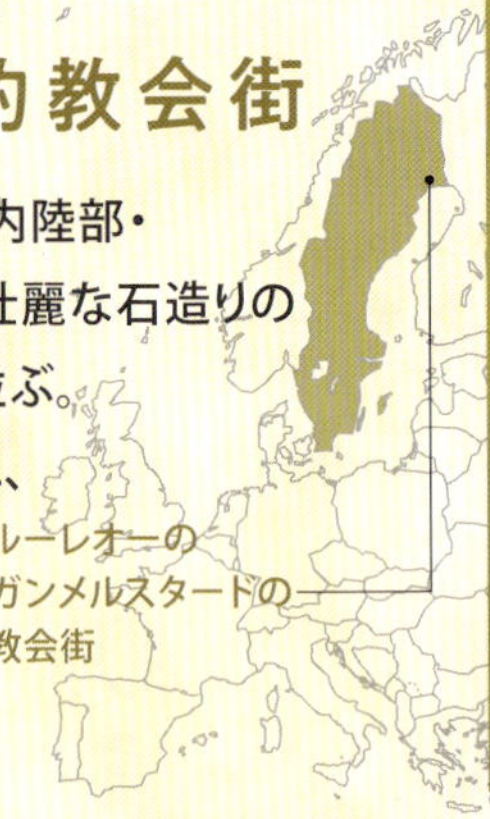

信者の宿泊所として利用される木造コテージ群

石造りの教会の建設後、遠方から訪れる信者のために宿泊用の木造コテージが建てられた。これらはシュルクスタードと呼ばれ、防虫・防腐のために塗装された赤い外壁が特徴的である。現在も利用されており、多くの礼拝者が宿泊する様子は中世から続く信仰を感じさせる。

2.赤い外壁の木造コテージ

丘の上に位置し、教会街のシンボルとなっている。

教会街のランドマーク ネーデルレオー教会

街の中心にあるネーデルレオー教会はスウェーデン北部で最古の石造教会で、1492年に完成した。全長48m、幅16m、高さ12mを誇る巨大な建物で、多彩な石材が使用された外壁は温かみのある色合いが特徴的。

神聖さを感じる教会内部

アーチ状のヴォールト天井が建築当時から残り、淡い色彩の天井画が神聖な雰囲気を演出している。祭壇画は、磔刑などキリスト教の重要な場面が描かれ、歴史的価値が高く評価されている。また、パイプオルガンの荘厳な音色も訪問者を魅了している。

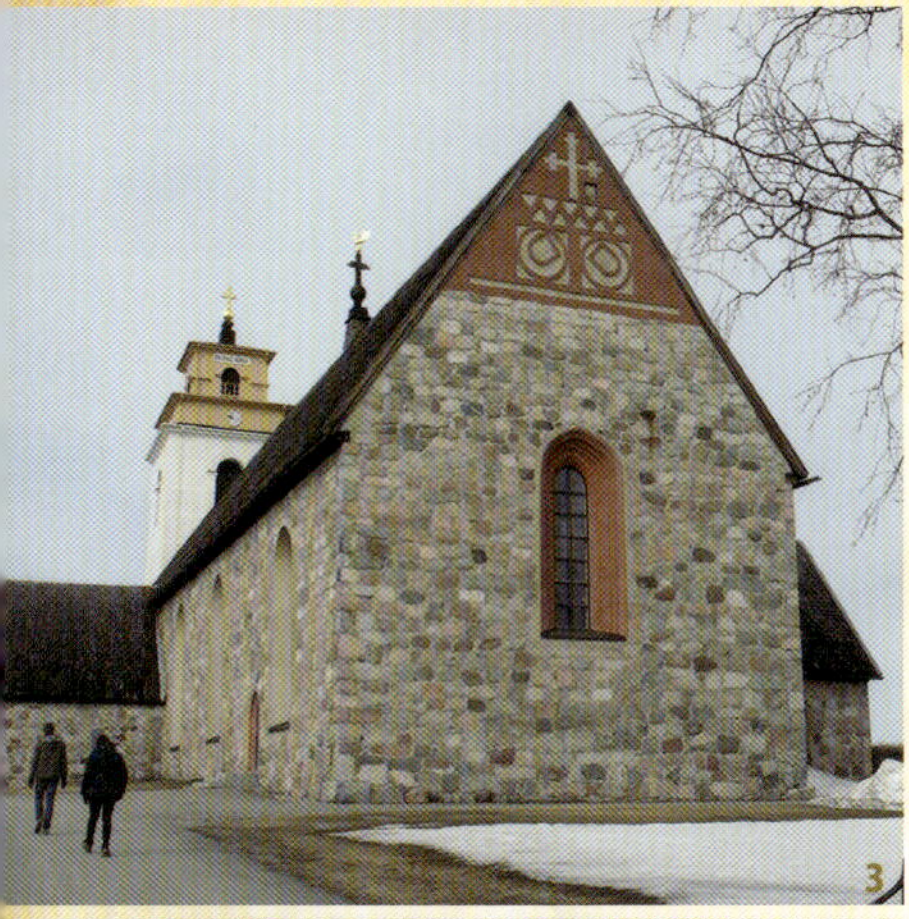

3.街の中心にあるネーデルレオー教会 photo by Anna-Maja Oléhn 4.巨大なパイプオルガンを備える教会の内観 photo by Antoine 49

POINT

広大な教区と厳しい冬が生んだ教会街の発展

中世のスウェーデン北部では、礼拝は宗教的義務とされていた一方で、広大な教区と過酷な冬の気候により、信者たちが日帰りで教会に通うのは困難だった。このため、ガンメルスタードをはじめとする教会街が発展し、現在も16がその姿を残している。

ルーレオーの南に位置するシェレフテオの歴史的な教会村「ボンスタン」photo by Frisno Boström

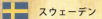

スウェーデン

1.中世の廃墟と赤い屋根が織りなすヴィスビューの素朴な街並み photo by Helen Simonsson 2.旧市街を囲む城壁 photo by Stern

57 スウェーデン

ハンザ都市ヴィスビュー

登録年・1995年 — 分類・文化遺産 — 登録基準・4、5

中世の栄光と試練を物語る「廃墟の都」

ヴィスビューはバルト海に浮かぶゴットランド島の中心都市で、ヴァイキング時代からイングランドやロシアとの貿易で繁栄した。ハンザ同盟に加盟するも14世紀以降は衰退し、数多くあった教会は荒廃。現在もその遺構が点在する。

街のシンボル ヴィスビューの輪壁

旧市街を囲む全長3・5km、高さ約10mの「輪壁」と呼ばれる城壁は、13世紀に防衛目的で築かれた。石材の風化など経年劣化はあるものの、ほぼ手付かずの状態で残されている貴重な遺産である。

神秘的な雰囲気を醸し出す セント・ニコライ教会の廃墟

城壁内に10堂ある教会の廃墟の一つ。1230年に建造されたドミニコ会の修道院で、ヴォールト天井が高く伸び、廃墟に光が差し込む様が美しい。

3.コンサート会場にも使われるセント・ニコライ教会の廃墟 photo by denisbin

POINT

白と黒が彩る塔の外観が印象的な聖母マリア大聖堂 photo by Gregor Klar

ヴィスビューの斜陽

ハンザ同盟の一員としてドイツのリューベックと地位を競ったヴィスビューだったが、14世紀のデンマーク支配などを機に衰退。1525年、リューベックの攻撃で街や教会が破壊された。聖母マリア大聖堂は唯一現存している教会で、ドイツ商人により建てられたため破壊を免れたことが背景にあるという。

第4章

東欧

Eastern Europe

58

ポーランド

中世都市トルン

登録年・1997年 ― 分類・文化遺産 ― 登録基準・2、4

1.ポーランド中北部ヴィスワ川のほとりに位置する都市トルン photo by kishjar?

地動説を唱えたコペルニクスの故郷

トルンは天文学者コペルニクスの生誕地として有名。

13世紀にドイツ騎士団によって町が築かれ、14〜15世紀にはハンザ同盟に属する交易都市として繁栄を極めた。

現在も多くの建造物が残り、当時の栄華を物語っている。

東欧で随一の壮麗な市庁舎

1393年に建てられた旧市庁舎は、トルンの繁栄を象徴する壮大な建築物の一つ。当初は商人たちの住居や市議会、裁判所など多様な機能を持ち、歴代の王の宿舎としても利用された。現在は博物館となっており、14世紀のキリスト像などが展示されている。

2.高さ40mの塔を備える旧市庁舎 photo by Andrzej Wrotek

中世の人々も天井を仰いだ聖母マリア被昇天教会

トルンには多くの教会があり、その中でも際立つ存在が聖母マリア被昇天教会。14世紀に建てられたゴシック様式の建築物で、壁には14世紀後半のゴシック絵画が今も描かれている。ヴォールト天井は27mの高さを誇り、思わず息をのむほど圧倒的な存在感を示している。

市民が築いた歴史の象徴ドイツ騎士団城跡

ドイツ騎士団の城は13世紀に建設され、旧市街を守る要塞として重要な役割を果たした。1454年に市民の蜂起によって破壊されたが、一部は遺跡として現在も残り、周辺が公園として整備されている。

3.教会の内観 photo by Pko **4.**城の土台が残るドイツ騎士団城跡

POINT

トルン発祥の伝統銘菓ピェルニク

ヨーロッパで中世から親しまれているジンジャーブレッドの一種。ショパンも愛したとされるこのお菓子は、シナモンやジンジャーなどのスパイスが効いた風味が特徴。市内のピェルニク博物館では製作体験もできる。

本場トルンのピェルニク

59 ポーランド

クラクフの歴史地区

登録年・1978年、範囲変更・2010年 ― 分類・文化遺産 ― 登録基準・4

1.旧市街のメインストリート・フロリアンスカ通り photo by Zygmunt Put

ポーランド王国最盛期の首都

世界遺産第一号12件のうちの一つ。クラクフは11世紀から17世紀までポーランド王国の首都であり、中世の東欧を代表する文化・芸術・学問の中心として繁栄した。13世紀にモンゴル軍のヨーロッパ遠征を受けるが、以降の戦火を奇跡的に免れ、当時の建造物が多く今に残されている。

ポーランド王の歴史が眠るヴァヴェル城

旧市街の端に位置するヴァヴェル城は、11~16世紀の歴代王が暮らした壮大な城。幾度も増改築を重ね、多様な建築様式を融合しながら、豪華さを増していった。敷地内には王の戴冠式が行われた大聖堂もあり、塔の上にはポーランドで最大の鐘が吊るされている。また、地下の墓所には歴代の王やポーランドの偉人が眠っている。

2. ヴァヴェル城の中心に聳えるヴァヴェル大聖堂

3.中央広場と織物会館(写真中央)　4.コレギウム・マイウスの中庭

4

3

長さ１００ｍを誇る市場 織物会館

旧市街の中心には総面積４万㎢を誇る中央広場が広がる。その中央にそびえるのが、長方形型のマーケットホール「織物会館」。クラクフはハンザ都市として東西の交易に参加しており、織物会館は14世紀に交易所としてつくられた。長さは１００ｍにも及ぶ。

コペルニクスも学んだ ヤギェウォ大学

クラクフは中世から続く学生都市でもあり、その象徴的な存在が１３６４年創立のヤギェウォ大学。ポーランドで最初の大学で、地動説を唱えたコペルニクスも学んだ名門校。中世から残る校舎「コレギウム・マイウス」は一般公開され、内部まで見学できる。

洞窟の出口付近に置かれ、ヴァヴェルの竜を象った彫刻 photo by charcoal soul

POINT

中世クラクフの伝説を象徴 ヴァヴェル城の竜の洞窟

城が建つ高台のふもとに洞窟がある。ここにはかつて村人を襲う竜が住んでいたとされ、王が退治を命じたと伝えられている。多くの勇者が失敗する中、若い靴職人の弟子が硫黄を詰めた羊を使って竜を倒し、街に平和をもたらした。この物語は、中世のクラクフにおける知恵と勇気の象徴として今も語り継がれている。

1. リヴィウの街を上から見るとカラフル

60 ウクライナ

リヴィウの歴史地区群

登録年・1998年、範囲変更・2008年 — 分類・文化遺産
登録基準・2、5 — 危機遺産（2023年〜）

西方と東方の合流地点となった街

13世紀にハリチ・ヴォリニ大公国の首都となったリヴィウは
14世紀にはポーランド王国の支配下で、バルト海や黒海、
ヨーロッパ諸都市との交易の拠点として発展する国際都市となった。
街はその後も周辺国の支配による影響を受けながらも
中世当時の都市構造を残している。

ヨーロッパ的街並みを作る リノック広場

旧市街中央にあるリノック広場は14世紀に神聖ローマ帝国の都市法に基づいて設計されたもの。ポーランド領時代に造られたものにはこうした中世カトリック世界の影響が見られる。広場の中心にある市庁舎も、現在の建物はのちに立て替えられたものだが、元々は14世紀の建立。高さ約65mの塔は上ることができ、旧市街を見渡せる。

2. リヴィウ市庁舎 photo by Romankravchuk

3.聖ユーラ大聖堂 photo by Alex Zelenko 4.中世の教会も多い歴史地区 5.アルメニア教会堂の内部

5

3

4

POINT

さまざまなルーツの宗派が肩を並べる

旧市街には古くからの正教会の建物が改築を経て状態良く残されている。聖ニコラス教会は13世紀頃には建立されていたというリヴィウの中でも古い教会で、少し潰れたような特徴的な形のドームを載せたビザンツ様式の建物。ウクライナ・カトリックの教会も多い。ウクライナ・カトリックとは16世紀、カトリック国であったリトアニア・ポーランド連合国に支配されていた頃、カトリックとウクライナで信仰されていた正教が折衷され独自に生まれたもの。聖ユーラ大聖堂は正教ならではのギリシア十字型の建物でありつつバロックやロココなどの様式で建てられ、荘厳かつ華やかだ。

また、広場近くにあるアルメニア教会は14世紀にアルメニア人が建てたというアルメニア正教の教会堂。内部は様々な色彩にあふれるフレスコ画と金の装飾で美しい。

紆余曲折の歴史を重ねたリヴィウの現在

文化の要衝・リヴィウ

リヴィウのあるハリチナ地方は隣国ポーランドと東西に分かたれ、西のクラクフ、東のリヴィウとして都市の役割を果たしてきた。同じウクライナ国内でもキーウなどほかの都市と比べると西寄りに位置し、カトリックの国々に隣接していたことから、ヨーロッパの文化とビザンツ様式をはじめとする東方の文化が混ざり合う独特の街並みになっている。ロシアによるウクライナ侵攻を受けて2023年9月、危機遺産リストに加えられた。

61 チェコ

チェスキー・クルムロフ歴史地区

登録年・1992年 ― 分類・文化遺産 ― 登録基準・4

1. 赤やオレンジの屋根が並ぶ街の展望 photo by Yuan

ボヘミア貴族が愛した彩りの街並み

チェスキー・クルムロフは、13世紀にボヘミアの貴族ヴィートコフ家が城を築いて以降、統治する家系を変えながら中世に発展を遂げた小都市。当時の面影を残す赤やオレンジの屋根瓦が並ぶ街並みをヴルタヴァ川が抱く景観は、世界で最も美しい街とも称される。

2. さまざまな店が連なる路地 **3.** 川岸の住宅

4.崖下から見上げるクルムロフ城 photo by smilla4
5.聖ヴィート教会の内観

中世の暮らしを想像できる絵になる城下町

中世に築かれた建造物の多くが現存。カラフルな壁や屋根と石畳の細い道が調和し、どこを見ても絵になる風景が広がる。ラトラーン通りにはカフェも多く、楽しく散策できる。

5つの中庭を持つ巨城クルムロフ城

13世紀に建てられたクルムロフ城は、プラハ城に次ぐチェコ第2の規模を誇る。所有した歴代の貴族により改築が重ねられたため、多様な様式が融合している。敷地内には中世の塔や博物館、礼拝堂を含め、5つの中庭と約40の建物がある。塔から眺めた街並みはまさに絶景である。

豪華なフレスコ画が彩る聖ヴィート教会

現在の建物は1407年から1439年にかけて後期ゴシック様式で再建されたもの。長く五角形に伸びた聖堂内陣を持つ三廊式ホールを特徴とし、その隣にはボヘミア地方の守護聖人であるヤン・ネポムツキーの礼拝堂がある。教会内に施された豪華なフレスコ画や装飾も、訪れる人を魅了している。

タイル張りの壁に見えるだまし絵 photo by David McKelvey

POINT

クルムロフ城内はだまし絵だらけ

クルムロフ城内には壁面にだまし絵が施された建物が多くみられる。これらは財政難下に建てられたもので、当時流行していた立体的で豪華な装飾に見せかけるために取り入れたといわれている。

62 スロバキア

バンスカー・シュティアヴニツァ歴史都市と近隣の工業建築物群

登録年・1993年 — 分類・文化遺産 — 登録基準・4、5

1.山の斜面に広がる街 photo by Jan Starec

金銀の採掘で賑わった鉱山都市

バンスカーはスロバキア語で鉱山の意。金や銀の採掘が行われ、中世にはハンガリー王国領の重要な鉱山都市として栄えた。当時から残る建物は要塞として使われたものもあり、オスマン帝国の脅威にさらされたこの地域の歴史が垣間見える。

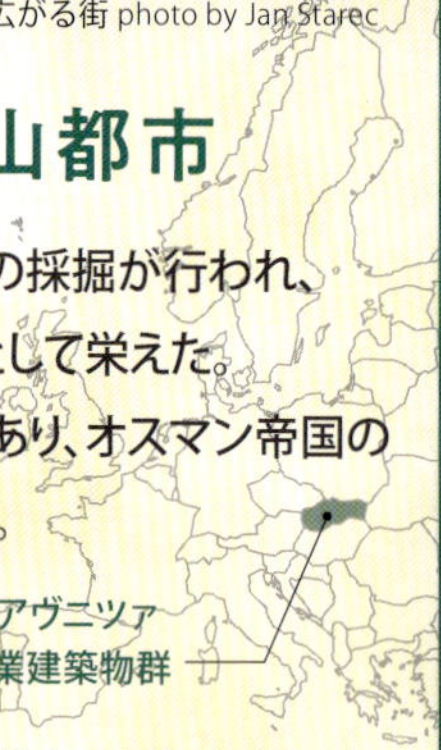

オスマン帝国の侵略を阻んだ強固な旧城

13世紀創建のロマネスク様式の教会を要塞に建て替えた、旧城と呼ばれる建物。石造りの素朴かつ堅牢な城。建て替えられたとされる15世紀末～16世紀初頭はオスマン帝国が最盛期を迎えようとする時期であり、侵入に備えて城の周囲には城塞も作られた。

2.旧城 photo by Dushan Hanuska

3.聖カタリナ教会 photo by Pedro
4.新城 photo by Dushan Hanuska

街の中心に建つ聖カタリナ教会

旧城のふもと、街の中心にある広場は聖三位一体広場（ホーリー・トリニティ・スクエア）と呼ばれ、中心に聖三位一体の碑が建つ。聖三位一体の碑はヨーロッパ各地の広場に建つモニュメントで、ペスト終息を記念して建てられたようだ。その碑の視線の先にあるのが15世紀に建てられたゴシック様式の聖カタリナ教会。鉱山で働く人々のために建てられたという。隣には市庁舎が建ち、街の中心だったことがうかがえる。

治安を守る大役を果たしたピアルグ門

1554年に建てられたバロック様式のピアルグ門はオスマン帝国の攻撃に備えたもので、街に入る人間を規制する関所の役割を果たした。

色のコントラストがスマートな新城

16世紀に築かれたルネサンス様式の城。旧城から南に離れた丘に建つ。旧城とは雰囲気を変え、監視塔を従え均整の取れた白壁の姿が特徴的。現在は博物館としてオスマン帝国の侵略に対抗してきた歴史を伝えている。

POINT

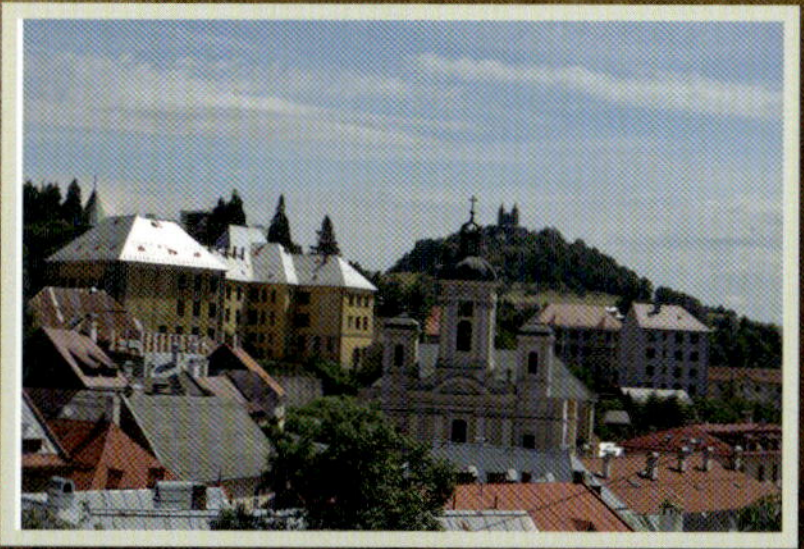

鉱山で繁栄した photo by Pedro

紀元前から名を知られた鉱山の先進地

バンスカー・シュティアヴニツァは紀元前から金や銀の採掘が行われており、鉱山労働者の街として周囲に知られていたという。中世はその最盛期で、13世紀前半においては自由都市（大司教や司教の支配ではなく皇帝直属の地位にあり一定範囲で自由を行使できる）の権利と鉱業の特権を得ていた。

63 ハンガリー

ブダペストのドナウ河岸とブダ城地区およびアンドラーシ通り

登録年・1987年、拡張・2002年 ― 分類・文化遺産 ― 登録基準・2、4

1. ドナウ川越しに望むブダ地区 photo by Dennis Jarvis

マジャル人の誇りが息づく古都

ハンガリーの首都ブダペストは、ドナウ川西岸のブダ地区と東岸のペスト地区からなる。ブダ地区は騎馬民族のマジャル人が9世紀末に建国したハンガリーの中心地。侵攻や併合の歴史を経て生まれ変わった街には中世の繁栄の名残が今も垣間見られる。

王国の栄光の歴史を刻む ブダ城

中世のハンガリーで政治と文化の中心地だったのが、13世紀に建設され、歴代王の居城となったブダ城。幾度の戦争被害と再建を経て、各時代の建築の特色を見ることができる。現在は国立美術館や歴史博物館、国立図書館などに利用されている。

2. 高台から望むブダ城

ハンガリー

3.ブダ城内の礼拝所 photo by C1815 4.地下に広がる天然洞窟「ブダ城ラビリンス」 photo by Greg Dunlap 5.カラフルなモザイク屋根が特徴的なマーチャーシュ聖堂

3

4

5

避難所として使われた王宮地下迷宮

王宮の丘の地下には天然の洞窟が無数にあり、中世にはワインセラーや避難所、金庫など多目的に使用された。現在は「ブダ城ラビリンス」と呼ばれる観光名所となっており、蝋人形やテーマ展示で中世の雰囲気を再現している。

歴代王の戴冠式が行われたマーチャーシュ聖堂

ブダ城のある丘に13世紀に建設された聖堂で、正式名称は聖母マリア聖堂。15世紀に当時のハンガリー王・マーチャーシュ1世が増築した高さ80mの尖塔が往時を偲ばせる。16世紀にオスマン帝国のモスクとなったが、その後の改築で建設時のゴシック様式に復元され、現在の姿になった。

ブダ城の丘に造られた漁夫の砦 photo by Byron Howers

POINT

城を守った漁師たちの伝説を今に伝える「漁夫の砦」

中世のブダ地区では、ドナウ川沿いで漁業が盛んに行われ、漁師たちが有事の際に一致団結して城を守ったという伝説が残る。この伝説に基づき、約130年前にブダ城の丘に「漁夫の砦」と呼ばれる展望台が造られ、絶景が望める人気の観光スポットとなっている。

64 ルーマニア

トランシルヴァニア地方の要塞聖堂のある村落群

登録年・1993年、拡張・1999年 ― 分類・文化遺産 ― 登録基準・4

1.要塞聖堂を中心としたビエルタンの街並み photo by Guillaume Baviere

小さな村々に残る多彩な要塞と聖堂

12〜13世紀にザクセン地方から入植してきたドイツ人たちが築いたトランシルヴァニア地方の村々は、オスマン帝国の侵攻に備えて村の中心部の聖堂を見張り台にし、その周囲に防壁を築いた。現存する要塞聖堂のうち7つが世界遺産に登録されている。

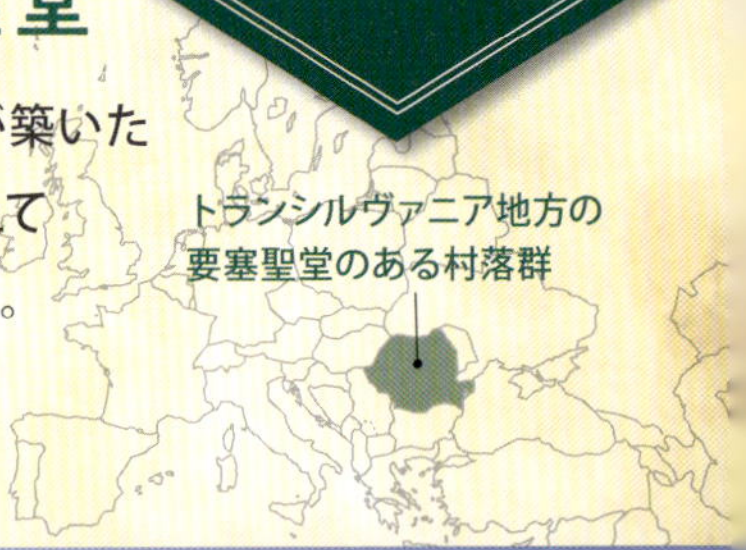

2.三重防壁を持つビエルタンの要塞聖堂 photo by lraul06 3.19個もの錠からなる複雑な聖具室の扉の鍵 photo by Neil and Kathy Carey

4.高さ12mの城壁を備えるプレジュメルの要塞聖堂 photo by Andrey 5.ヴィスクリの聖堂の内観 photo by IC

三重の防壁を持つ堅固さ ビエルタンの要塞聖堂

1993年時点で唯一世界遺産に登録された「ビエルタンとその要塞聖堂」。山間の小さな村だが、中央の丘の上には、分厚い壁に囲まれた重厚な城塞がそびえる。聖堂内では、19個のロックが巧妙に組み込まれた聖具室の扉など、ザクセン人の優れた技術が見てとれる。

円形の防塁が特徴的 プレジュメルの要塞聖堂

防壁の高さは12m、鉄製の門や跳ね上げ橋は厚さが3～4mあり、内部には250室以上の集合住宅がある。投石器や大砲から同時に弾を発射する「死のオルガン」も備えるなど、強固な防衛力を誇り、一度も征服されたことはないとされている。

英国の皇太子も訪問した ヴィスクリの要塞聖堂

英国のチャールズ皇太子が訪問したことで知られる要塞。村の外れには彼の別荘もある。白い壁と赤い屋根が美しく、観光名所としても人気が高い。聖堂の中に入ると、ロマネスク様式のアーチをはじめ、聖壇や彫刻など歴史的な美術作品を鑑賞できる。

クルニク（左上）、ドゥルジュ（右上）、サスキズ（左下）ヴァレア・ヴィイロル（右下）

POINT

世界遺産に登録された残りの4つも個性的

クルニクの聖堂は、楕円形の城壁が特徴。ドゥルジュの聖堂内には、当時の領主・ラディスロウの伝説を描いた壁画がある。サスキズは大きな時計塔がシンボルで要塞の大部分が当時の状態のまま保存されている。ヴァレア・ヴィイロルの聖堂内には、16世紀前半の家具や礼拝道具が今も残されている。

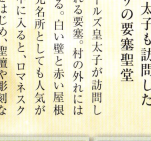

シギショアラ歴史地区

65 ルーマニア

登録年・1999年 ― 分類・文化遺産 ― 登録基準・3、5

1.時計塔を中心とする街並み photo by Cernavoda

ギルドが発展した城塞都市

12世紀にハンガリー王が入植させたドイツ人たちが築いた城塞都市。ギルド(職人組合)を結成した商人や職人たちを中心に繁栄した。各ギルドは防衛も自主的に行い、周辺民族の侵攻に備え、見張り台となる塔を建設。現在も9つが保存されている。

からくり時計が動き続ける「時計塔」

街のシンボルである高さ64mの「時計塔」は、14世紀にギルドによる自治都市化を記念して建設された。17世紀の火災後に再建されて以降、現在までからくり時計が正確に時を刻み続けており、定時になると7体の人形が踊り始める。

2.時計塔の時計部分 photo by Pudelek (Marcin Szala)

3.屋根付き階段内部 photo by Myrabella 4.木造階段の先にある山上教会 5.現在はレストランとなったヴラド・ドラクルの家 photo Alessio Damato

5

3

4

地域住民に愛された山上教会と屋根付き階段

小高い丘の上にある14世紀建設の山上教会には中世の壁画が保存され、現在は博物館として利用されている。教会と旧市街を結ぶ屋根付きの木造階段は、礼拝者や隣の山上学校の通学者が冬場の風雪を凌げるように設けられた。

ドラキュラ伯爵のモデルが誕生 ヴラド・ドラクルの家

19世紀末に世界的ヒットとなった小説「吸血鬼ドラキュラ」のモデルとされ、15世紀に活躍したヴラド3世の生家が旧市街に残っている。現在はレストランとなり、ドラキュラにちなんだ料理も提供している。

ヴラド3世（1431-1476）の肖像画

POINT

オスマン帝国と戦った串刺し公・ヴラド3世の恐怖政治

ヴラド3世はルーマニア南部・ワラキア公国の君主で、残虐な一面で知られ、オスマン帝国の侵略に対して捕虜を大量に串刺しにしてさらしたという逸話からヴラド・ツェペシュ(串刺し公)と呼ばれた。また、ルーマニア語で悪魔の子を意味する「Dracula(英語発音でドラキュラ)」というあだ名もあり、これが小説の由来となったとされる。

66

ジョージア

ムツヘタの歴史的建造物群

登録年・1994年、範囲変更・2017年 ― 分類・文化遺産 ― 登録基準・3、4

1.ムツヘタの街並み photo by Aleksey Muhranoff

聖人の伝説が生きるジョージアの聖地

イベリア王国は4世紀にキリスト教を国教とした。ムツヘタは当時の首都で、グルジア正教の総主教が置かれて信仰の中心となった街。以降建設された聖堂や修道院からは、東西の文化とコーカサス地方独自の美術が混在しつつ発展した様子がうかがえる。

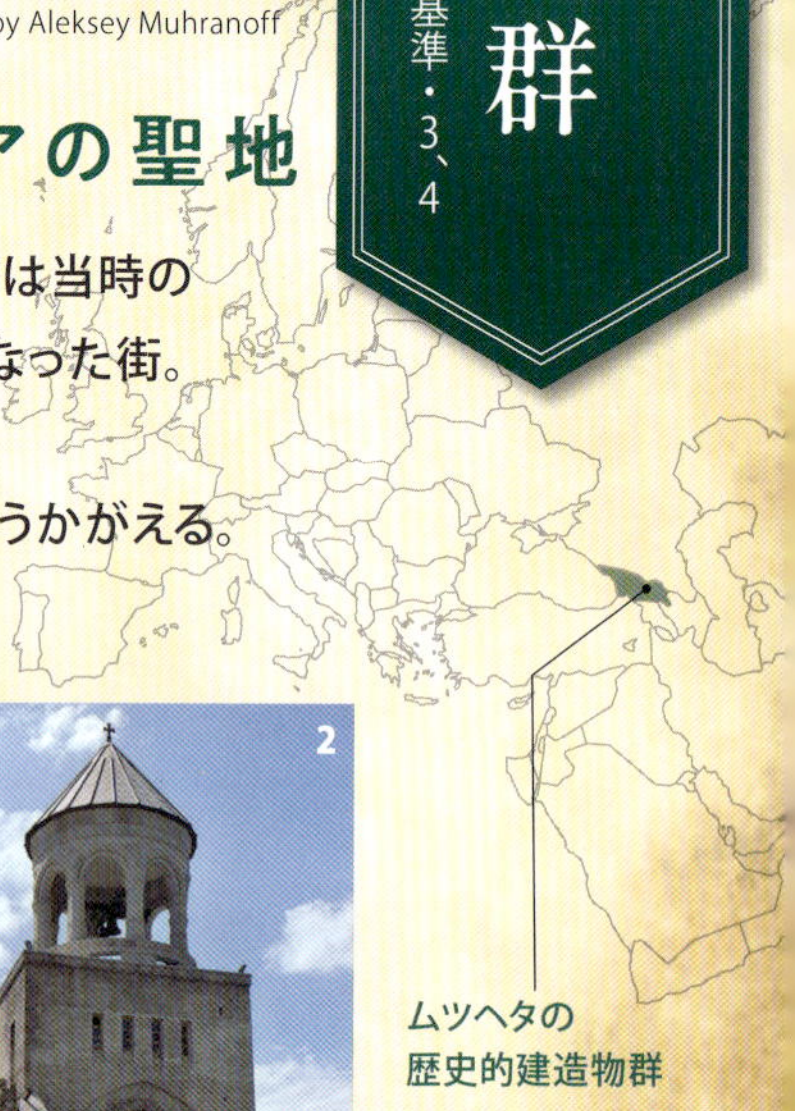

ムツヘタのランドマーク スヴェティツホヴェリ大聖堂

王宮の庭に造られた国内最大級の大聖堂。国王がキリスト教に改宗した際にグルジア正教会の司教座が置かれた。現在の建物は11世紀に再建されたもので、当時の壮麗な芸術性を今に伝える。スヴェティ(柱)ツホヴェリ(生きている)の名は、この聖堂の柱とジョージアにキリスト教を広めた聖人ニノに関する伝説に由来する。中世の貴重な壁画やイコンが遺されている。

2.スヴェティツホヴェリ大聖堂 photo by Adam Harvey

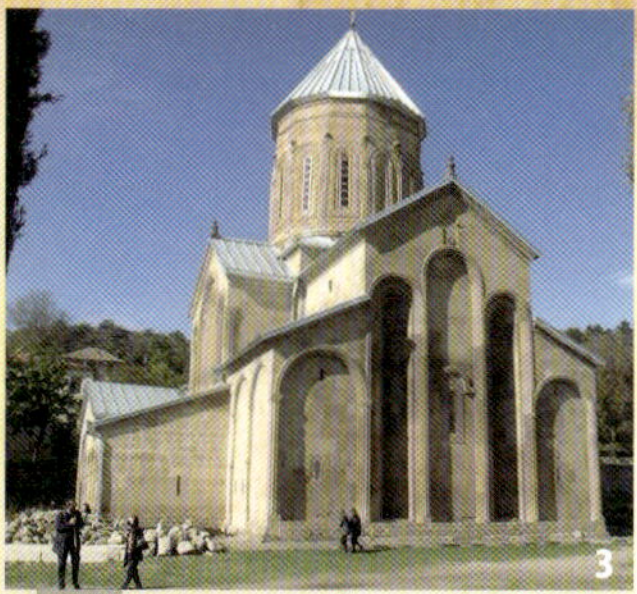

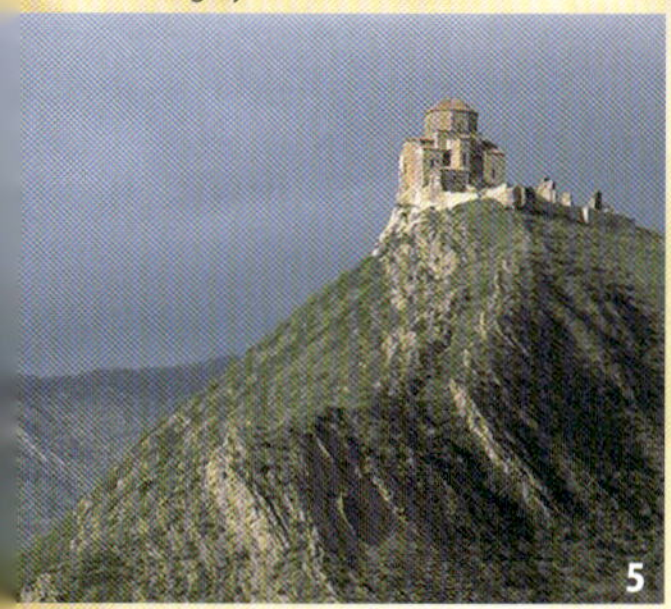

3. サムタヴロ教会・修道院
4. ミリアン3世夫妻の墓所
5. 山の上に建つ聖堂 photo by Ldingley

聖ニノと王夫妻が暮らした サムタヴロ教会・修道院

スヴェティツホヴェリ大聖堂の北にある修道院。4世紀に教会ができ、11世紀以降に拡大された。スヴェティツホヴェリ大聖堂より規模は小さいが、キリスト教を国教としたイベリア国王・ミリアン3世とその妃・ナナや、グルジア正教会の諸聖人が眠っている。聖ニノが住んだ場所とされ、傍らには聖ニノ礼拝堂が建つ。

山の上から街を見下ろす ムツヘティス・ジワリ聖堂

この地方では古代よりゾロアスター教などが信仰されてきたが、そうした異教の神殿跡に聖ニノは十字架を立てていった。そこに6～7世紀頃に建てられたという聖堂。堂内では聖ニノが立てたとされる木製の十字架を見ることができる。当地の伝統的なテトラコンチ（四葉）型建築の最初の例でもある。クラ川とアラグヴィ川が合流する小高い山の上に立ち、長きにわたりムツヘタの街を見守っている。

POINT

聖人ニノ

ムツヘタゆかりの聖人ニノ

イベリア王国は、隣国アルメニアに続き世界で2番目にキリスト教を国教とした国。聖人ニノは当時ローマ帝国に属していたカッパドキアからイベリア王国にやってきて布教を進めたという。彼女の象徴で葡萄十字と呼ばれる特徴的な十字架は、1600年以上経った現在グルジア正教会のシンボルとなっている。

1.城壁で囲まれるノヴゴロドの中心地

67 ロシア

ノヴゴロドと周辺の文化財

登録年・1992年｜分類・文化遺産｜登録基準・2、4、6

国家ロシアの起源となった古都

ノヴゴロドは、9世紀にヴァイキングの首長・リューリクによって築かれたロシア最古の都市で、ロシア国家形成の礎となった。12世紀に市民による自治都市となり、ハンザ商人との交易で発展。中世のロシア正教の重要拠点でもあり、教会が多く現存している。

ロシア最古の石造建築物 聖ソフィア大聖堂

1045年に建設された聖ソフィア大聖堂は、現存するロシア最古の石造建築。内部にはフレスコ画や12世紀のイコンが残る。現在も多くの信者が訪れる聖堂として機能し、ロシア正教の精神的支柱として重要な役割を果たしている。

2.ノヴゴロドの聖ソフィア大聖堂

街の中心地を囲む クレムリン（城塞）

クレムリンは、市民議会によって自治を行っていた時代の政治的中心地。特に遊牧民など外敵の攻撃を防ぐため、13世紀に城壁の建設が始まり、15世紀には約2kmの壁で囲まれた。塔の高さは平均して10mにもなり、今も圧倒的な存在感を放っている。

地下に残る壁画が有名 聖ニコリスキー聖堂

聖ニコリスキー聖堂は、1113年から1136年にかけて建てられた。かつてキエフ大公・ヤロスラフ賢公の宮廷があった場所に位置する。建設当時のフレスコ画の断片が保存されており、特にロシア最古の『最後の審判』の壁画が有名である。

3. クレムリンの城壁 photo by Damian Kania
4. クレムリンの外側に建つ聖ニコリスキー聖堂 photo by Ludvig14

POINT

ロシアの教会の屋根はなぜ玉ネギ型？

ロシア正教会の建築で一般的な玉ネギ屋根。その起源には諸説あるが、一つには雪の多い地域での実用性が挙げられる。丸みを帯びた形状は雪が積もりにくく、建物を守るのに適している。また祈りが天まで昇っていく様子をイメージした、ロウソクの炎の形を象徴するとも言われる。

カラフルな玉ネギ屋根の塔が連なる聖ワシリィ大聖堂（モスクワ）

1.ウラジーミルの生神女就寝大聖堂 photo by Alex Zelenko

68 ロシア

ウラジーミルとスーズダリの白亜の建造物群

登録年・1992年 ― 分類・文化遺産 ― 登録基準・1、2、4

美しい白壁が印象的な聖堂・修道院

モスクワの北東にある都市ウラジーミルとスーズダリを中心に選ばれた8つの建造物群。12～13世紀、中世ロシアの公国の一つウラジーミル・スーズダリ大公国が造った聖堂・修道院・城塞は石灰岩による白い外壁が特徴。

大公国の首都として栄えた ウラジーミル

ウラジーミルには世界遺産となった建造物が3つある。大公国の守護聖人である聖母マリア（正教会では生神女マリヤ）を祀る生神女就寝大聖堂、都市を守る城壁の一部として造られた黄金の門、大公フセボロド3世が作ったロシア正教会ドミトリエフスキー聖堂。いずれもロシア特有とされる精緻な浮き彫りで飾られている。

2.黄金の門 photo by Alex Zelenko

中世建築の代表作が残る ボゴリュボヴォ

ウラジーミルの北東ボゴリュボヴォに

ロシア

3.ネルリの生神女庇護聖堂 4.キデクシャの聖ボリスとグレブ聖堂
5.聖ボリスと聖グレブ聖堂内 photo by carlfbagge

5

4

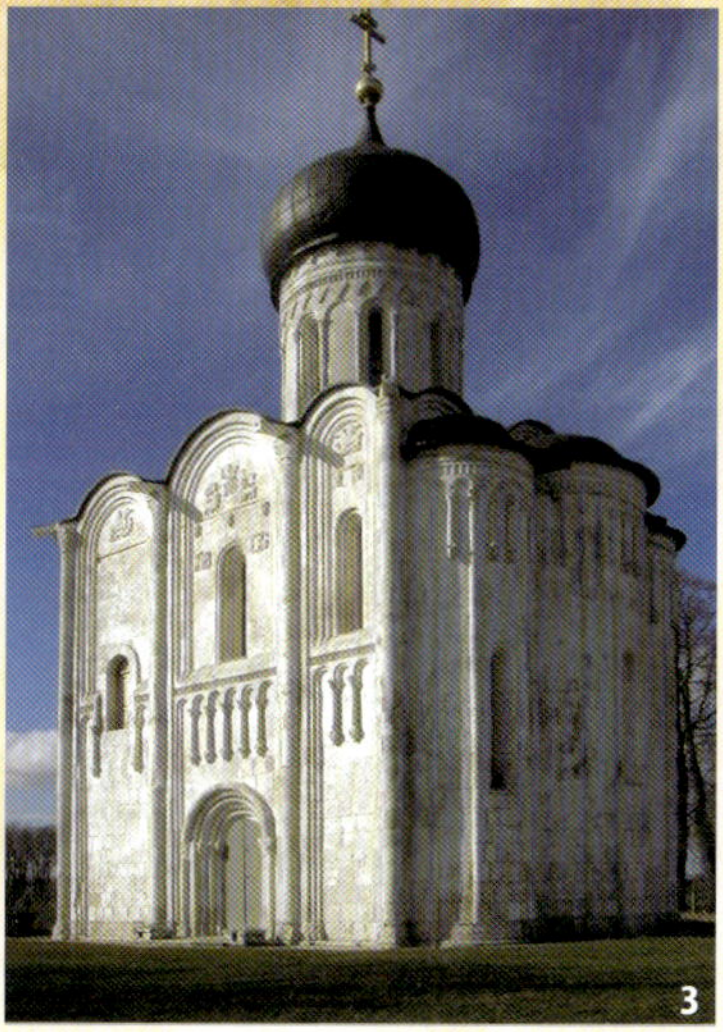
3

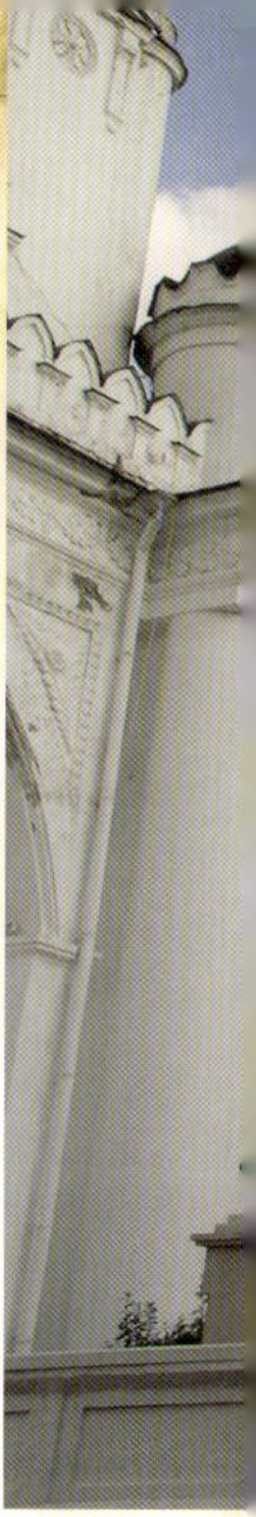

は大公アンドレイ1世が造ったとされる王宮跡、生神女誕生聖堂、大公が生神女マリヤを見たとされるネルリ河畔に造られた生神女庇護聖堂がある。

自然と建造物が融合 スーズダリ

スーズダリはウラジーミルからおよそ30kmほど離れた、カメンカ川沿いに拓けた古都で世界遺産は2つ。生神女誕生大聖堂と、12の塔と分厚いレンガの城壁に守られた砦のようなスパソ・エフフィミエフ修道院がある。

石造の傑作に注目 キデクシャ

スーズダリから離れること約4kmのキデクシャは、カメンカ川とネルリ川が交わる地点にある村落。スーズダリ公ユーリー1世の愛息聖ボリスと聖グレブを祀る聖堂が登録されている。

黄金の環

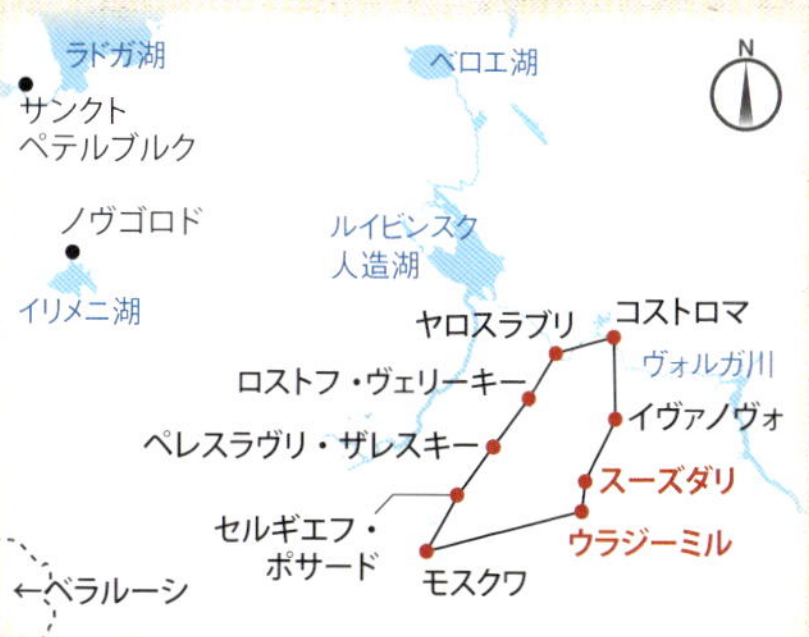

POINT

ロシア文化や芸術の源流となった「黄金の環」

「黄金の環」は、ウラジーミルやスーズダリを含むモスクワ北東に環状に広がる都市を指す。ロシアの文化、芸術、建築の発展の起点になった地域で、13世紀以降はモンゴル軍に脅かされながらも、15世紀にイヴァン3世がモスクワ大公国を興すまで諸公国の古都が栄えた。

INDEX

ア

カ

サ

タ

主要参考文献　●全般:『世界遺産 必ず知っておきたい150選 歴史・見どころがわかるビジュアルガイド』(メイツ出版)、『詳説 改訂版世界史 世界史B』(山川出版社)、『建築知識』 2024年4月号(エクスナレッジ)、『世界遺産太鼓判55』(小学館文庫)、『すべてがわかる世界遺産1500(下巻) 世界遺産検定1級公式テキスト』(マイナビ出版)、『見る・知る・学ぶ 世界遺産でぐぐっとわかる世界史』(JTBパブリッシング)、『W22いつか旅してみたい世界の美しい古都 歴史が香る218の町の魅力を旅の雑学とともに解説』(Gakken)、『世界遺産で学ぶ世界の歴史 2.中世編 海外旅行から世界遺産学習まで 2024年版』(Kindle版)、『ヨーロッパの中世都市』(岩波書店)、『世界史リブレット23 中世ヨーロッパの都市世界』(山川出版社)、『世界の城塞都市』(開発社)、『世界大百科事典』(平凡社)、『岩波世界人名大辞典』(岩波書店)、『日本大百科全書』(小学館)、『デジタル大辞泉』(小学館)　●各地域:『世界史リブレット106 イタリアの中世都市』(山川出版社)、『A09地球の歩き方 イタリア2020～2021』(Gakken)、『世界史リブレット107 十字軍と地中海世界』(山川出版社)、『世界史リブレット58 ヨーロッパとイスラーム世界』(山川出版社)、『A24地球の歩き方 ギリシアとエーゲ海の島々&キプロス2019～2020』(Gakken)、『マルタ 地中海楽園ガイド』(彩流社)、『増補改訂版 図説ポルトガルの歴史』(河出書房新社)、『ポルトガルを知るための55章【第2版】』(明石書店)、『図説 スペインの歴史』(河出書房新社)、『スペインの歴史都市を旅する48章』(明石書店)、『スペインのガリシアを知るための50章』(明石書店)、『バルカンを知るための66章【第2版】』(明石書店)、『ハンザ「同盟」の歴史:中世ヨーロッパの都市と商業』(創元社)、『A06地球の歩き方 フランス2020～2021』(ダイヤモンド・ビッグ社)、『A19地球の歩き方 オランダ ベルギー ルクセンブルク2019～2020』(ダイヤモンド・ビッグ社)、『A14地球の歩き方 ドイツ2023～2024』(Gakken)、『A17地球の歩き方 ウイーンとオーストリア2019～2020』(ダイヤモンド・ビッグ社)、『A18地球の歩き方 スイス2019～2020』(ダイヤモンド・ビッグ社)、『A02地球の歩き方 イギリス2019～2020』(ダイヤモンド・ビッグ社)、『世界の建築・街並みガイド イギリス・アイルランド・北欧4か国 最新版』(エクスナレッジ)、『一冊でわかる北欧史(世界と日本がわかる国ぐにの歴史)』(河出書房新社)、『A29地球の歩き方 北欧 デンマーク ノルウェー スウェーデン フィンランド2019～2020』(ダイヤモンド・ビッグ社)、『A26地球の歩き方 バルトの国々2019～2020』(ダイヤモンド・ビッグ社)、『ウクライナを知るための65章』(明石書店)、『ウクライナ・ベラルーシ史』(山川出版社)、『コーカサスを知るための60章』(明石書店)、『A25地球の歩き方 中欧2019～2020』(ダイヤモンド・ビッグ社)、『ルーマニア遥かなる中世へ』(書肆侃侃房)、『ジョージア旅暮らし20景』(東海教育研究所)
WEB●UNESCO World Heritage List https://whc.unesco.org/en/list/

［編集・文］・浅井 精一　・本田 玲二
・金澤 繁樹(株式会社クリエイティブ・クリップ)
・二ノ瀬 尚輝(株式会社クリエイティブ・クリップ)
・木村 さつき(株式会社クリエイティブ・クリップ)
［デザイン］・玉川 智子　・渡辺 里織　・里見 遥　・五十嵐 ひなの
・垣本 亨
［ 制　作 ］・株式会社カルチャーランド

世界遺産でめぐる中世ヨーロッパの街
歴史と見どころがわかるビジュアルガイド

2025年2月20日　第1版・第1刷発行

著　者　「世界遺産ビジュアルガイド」編集室
(「せかいいさんびじゅあるがいど」へんしゅうしつ)
発行者　株式会社メイツユニバーサルコンテンツ
代表者　大羽 孝志
〒102-0093 東京都千代田区平河町一丁目1-8
印　刷　株式会社厚徳社

◎『メイツ出版』は当社の商標です。

©カルチャーランド,2025. ISBN978-4-7804-2906-0　C2026　Printed in Japan.

ご意見・ご感想はホームページから承っております。
ウェブサイト　https://www.mates-publishing.co.jp/

企画担当：清岡香奈